Jürgen Wiebicke

EMOTIONALE GLEICH-GEWICHTS-STÖRUNG

Jürgen Wiebicke

EMOTIONALE GLEICH-GEWICHTS-STÖRUNG

Kleine Philosophie
für verrückte Zeiten

Kiepenheuer & Witsch

Für Anke, mit der ich das
Gefühl teile, dass wir gerade
dabei sind, alles, was wir haben,
auf einen dreibeinigen Esel
zu verwetten

»Aber ist es der richtige Zeitpunkt?«
»Um das zu entscheiden, müsste man wissen,
in welcher Zeit wir leben.«

STEPHAN THOME: GOTT DER BARBAREN

Wird es mir gelingen, mich von meinem früheren Leben – von meinem in seiner Welt festgefahrenen Leben – zu lösen, um einen neuen Tag zu beginnen? Oder um die Bedingung dieser Frage zu erhellen: Bin ich heute so weit gekommen, mir mein vergangenes Leben zunutze zu machen, indem ich darauf zurückkomme und mich davon absetze, mein Leben nicht mehr zu wiederholen, sondern es »wiederaufzunehmen«, um mein Leben reformieren und endlich damit beginnen zu können, wirklich zu »existieren«?

FRANÇOIS JULLIEN: EIN ZWEITES LEBEN

DER WUNSCH NACH RÜCKZUG

Manchmal möchte man sich wie Montaigne in einen Turm zurückziehen, der Welt den Rücken kehren und in Ruhe über alles nachdenken. So viel Stoff hat sich angesammelt, der unverstanden ist und neu bedacht werden muss! So viel Ermüdung, Überreizung, Zukunftssorge! So viel Wehmut auch beim Abschied von einstigen Gewissheiten, so viel Sehnsucht nach der Welt von gestern. Dass die so gern als heil verklärte Welt von einst inzwischen aus den Fugen geraten ist, gehört zu den wenigen Formeln, auf die sich die meisten von uns mühelos verständigen können, aber was daraus folgt, auch als mentale Überlebensstrategie für den Einzelnen, ist vollkommen unklar. Wir erleben gerade eine »Zeitenwende«, heißt es jetzt an jeder Ecke. Es gibt also bereits ein Wort, das das Unbehagen zu fassen versucht. Und dazu ein Bild, wie es Bundespräsident Steinmeier gewählt hat: Es beginne jetzt eine »Epoche im Gegenwind«. Aber auf den Begriff gebracht ist damit noch gar nichts. Warum gelingt das derzeit nicht? Ganz einfach, weil wir das Neue noch gar nicht erkennen, es so zeitig nicht erkennen können, nicht einmal schemenhaft. Dieser Gegenwind beschert keine klare Sicht, sondern zunächst reichlich Nebel. Wer jetzt weit vorauszublicken versucht, scheitert an der eigenen Ungeduld. Viel wäre dadurch gewonnen, sich dies immer wieder neu einzugestehen. Das bewahrt einen vor neuen voreiligen Gewissheiten und davor, denen auf den Leim zu gehen, die ein neues Zeitalter so präsentieren, als wäre es ein ferner Planet, den sie selbst längst bereist hätten, und als könnten sie daher alle kommenden Überraschungen vorweg ausplaudern. Wenn Krise herrscht und es an Orientierung fehlt, schlägt oft die Stunde der Trend- und Zukunftsforscher mit ihren Prophetien per Powerpoint. Von den radikalen Vereinfachern aus den diversen Lagern des Populismus ganz zu schweigen, die eigenen Durchblick vorgaukeln. Tatsächlich aber sammeln wir derzeit vor allem fleißig eins: Nichtwissen. Wir sind in vielerlei Hinsicht ahnungs- und zugleich ratlos, und ich meine, wir dürfen es auch sein.

So ähnlich erging es seinerzeit, in der zweiten Hälfte des 16. Jahrhunderts, dem Philosophen Michel de Montaigne, als er sich mit 38 Jahren in einem Zustand der Depression in besagten Turm zurückzog, um den Wirren seiner Zeit zu entfliehen und das sichere Abseits als Ort der seelischen Ruhefindung zu nutzen. »Was weiß ich denn?«, war eine seiner Leitformeln, mit deren Hilfe er die Tugend der Skepsis kultivieren wollte, um sich selbst vor allzu steilen Überzeugungen zu bewahren. Eine Meinung zu haben, ist nämlich ziemlich leicht. Er hingegen wollte sich bemühen, nicht dauernd so zu tun, als hätte man immer den Durchblick, am Ende gar als Einziger, und nur die anderen wären stets die Dummen. Mit dieser Haltung der Selbstbescheidung konnte er dann auch irgendwann wieder hinaus in die Welt. Montaignes Rückzug war auch nur vorübergehend, wohlgemerkt, denn auf Umbrüche mit Teilnahmslosigkeit und Weltflucht zu reagieren, das sah er sehr klar, trägt auf Dauer nicht. Ausgerechnet in historischen Phasen, die Gefühle der Ohnmacht und des Ausgeliefertseins in geradezu pandemischem Ausmaß hervorrufen, wächst paradoxerweise die Bedeutung und somit auch die Verantwortung einzelner Individuen, auf die es ankommt, und schrumpft gleichzeitig das Vertrauen in Institutionen, dass sie dauerhaft die so sehr ersehnte Stabilität garantieren können. Wenn der Staat erkennbar schwächelt und Infrastruktur auf einmal »kritisch« genannt wird, wenn Parteien, Gewerkschaften, der öffentlich-rechtliche Rundfunk, Vereine, Kirchen und viele zivilgesellschaftliche Initiativen, also all jene Kräfte, auf die eine lebendige Demokratie so sehr angewiesen ist, sich gleichzeitig mit Bangen die Zukunftsfrage stellen müssen, weil es in ihrem Gebälk knirscht, entscheidet sich vieles durch kluges oder unkluges Handeln von Einzelnen. Sie sind es, an denen eine Gesellschaft im Stresszustand gesunden kann. Freilich müssen sich die Subjekte selbst erst einmal wieder geistig neu sortieren, das fällt derzeit so schwer, weil in Krisenzeiten Bindungen gelöst werden, die lange getragen haben. Und jeder Einzelne ist vor die Wahl gestellt: Möchte ich Verantwortung übernehmen, oder nehme ich lieber auf der Zuschauertribüne Platz?

Diese wachsende Bedeutung von Individuen im Krisenmoment erkannte auch Montaigne, als er dabei zusehen musste, wie sich jegliche staatliche Ordnung auflöste. Er verließ seinen Turm wieder und versuchte Einfluss darauf zu nehmen, dass das gesellschaftliche Chaos nicht noch wuchs. Gleichwohl war die Zeit der Besinnung im Turm für ihn wichtig. Vielleicht können wir dies heute von ihm lernen: Rückzüge auf Zeit und Teilhabe schließen einander nicht prinzipiell aus. Wir heute sind sogar gefordert, beides häufig an ein und demselben Tag so gut es geht miteinander zu vereinbaren, weil unser Leben viel beschleunigter abläuft als zu den Zeiten von Montaigne. Folglich wird es zum alltäglichen Balanceakt, sich um beides zu kümmern: die Sorge um sich selbst und die Sorge um das große

Ganze. Eine halbe kostbare Stunde im Turm, und dann schon wieder zurück ins Getümmel. Schwierig und fordernd, ohne Zweifel, aber man kann sich ja nicht aussuchen, in welche Zeit und damit in welche Aufgabenstellung man hineingeworfen wird. Sie annehmen zu können, ohne dauernd zu hadern, darin besteht die persönliche Prüfung.

Jedenfalls wird jetzt das Leben der meisten, nachdem sie eine lange Wegstrecke in einer wattierten Zone der Sicherheit und des Wohlstands verbracht haben, also in einer historisch beispiellosen Ausnahmesituation langer Windstille, anstrengender und auch ernster. Ironie oder gar Zynismus verlieren als Grundhaltung zur Welt an Boden, erstarren zur bloßen Attitüde von denjenigen, die meinen, sich mit solchen Instrumenten das Ärgste vom Hals halten zu können. Umso wichtiger, die Freuden des Lebens nicht aus dem Blick zu verlieren, um seelisch stabil zu bleiben oder es erst wieder werden zu können. Ohne ein gewisses Maß an Lebenskunst wird es schwierig werden, sich selbst durch das, was kommt, hindurchzunavigieren.

Wir können derzeit nicht wissen, wie lange diese herausfordernde Situation eines Lebens in einer nicht enden wollenden Schleife aus lauter Krisen anhalten wird. Es ist schon bemerkenswert, wie oft in Gesprächen, wie wir sie derzeit führen, das Bild vom Tunnel auftaucht, dessen Ende nicht in Sicht ist. Oder das vom Boden, der unter unseren Füßen schwankt. Die Vorstellungskraft, dass es nicht nur immer schlimmer, sondern vielleicht auch besser als erwartet kommen kann, scheint vollkommen abhandengekommen zu sein.

Dabei sind wir doch so sehr auf die Wirkung von Imagination angewiesen, wenn wir die Verhältnisse irgendwann wieder zum Tanzen bringen wollen. Jeder Fortschritt in der Menschheitsgeschichte beruhte auf dieser Kraft der Imagination, der Fähigkeit, über das, was ist, hinausdenken zu können. Menschen streben nach etwas, vor allem das Streben nach Wissen gehört zu ihrer Natur, sie wollen nicht einfach nur stillstehen und das Erreichte konservieren. Sonst würden sie geistig vertrotteln. Diese Einsicht von Aristoteles, der es ein wenig vornehmer ausdrückte, gilt es heute wieder fruchtbar zu machen, damit wir uns nicht in einer falschen Behaglichkeit einrichten, als ob es nach uns nichts Interessantes mehr zu entdecken gäbe und wir allenfalls zu verlieren hätten. Damit wir nicht so ignorant leben wie der »letzte Mensch«, so Friedrich Nietzsches verächtliche Formulierung für die Sozialfigur des Spießers im »Zarathustra«. Eine alleinige Fixierung auf das Dunkle, Instabile und Bedrohliche, wie sie derzeit vorherrscht, können wir uns auf Dauer nicht erlauben, ohne selbst dunkel und seelisch instabil zu werden, sonst schwindet jegliche Zuversicht, die eigene Welt nicht nur ertragen, sondern auch gestalten zu können. »Wir schaffen das nicht«, ist als ständig vernehmbarer kollektiver Stoßseufzer in seiner Wirkung gefährlich, weil aus ihm rasch eine sich selbst erfüllende Prophezeiung werden kann. Allein deshalb ist chronischer Pessimismus so etwas wie eine Todsünde. Er hat sich leider längst in unsere Gesellschaft hineingefressen und seine lähmende Wirkung entfaltet. Zur Wahrheit gehört allerdings auch, dass sich die Gelegenheiten vermutlich häufen werden, bei denen wir still denken mögen, all die Krisen seien für uns gar nicht zu schaffen. Dies auszuhalten, temporäre Erfahrungen von Formen der Verzweiflung durchleben zu müssen, ohne in einen Zustand der Lähmung und Traurigkeit zu versinken und andere mit hineinzuziehen, gehört zu dem anspruchsvollen Seiltanz, den wir wohl noch auf längere Sicht werden meistern müssen. Wenn die Zuversicht schwindet, geraten wir in emotionale Gleichgewichtsstörungen, die sowohl individuell als auch kollektiv riskant sind.

Um an dieser Stelle vom Wir ins Ich zu wechseln: Ich weiß, dass mich auch künftig Traurigkeit überfallen wird, wenn ich beispielsweise beim Anblick zerstörter Natur einer Wucht des Entsetzens ausgesetzt bin, die mich klein macht und düster werden lässt. Oft denke ich dann, dass ich es nicht mehr erleben werde, dass dieser Ort wieder heile wird. Diesen Wald, wie ich ihn seit Kindheitstagen kannte, der einen besonderen Zauber für mich besaß, von dem aber nun nur noch ein Stück tote Mondlandschaft geblieben ist, werde ich nicht wiedersehen. Die Erholung dieser Landschaft dauert lange, aber meine Zeit auf diesem Planeten ist knapp. Diese Erkenntnis schlug ein wie ein Blitz. Aber das Wissen darum, dass mir solche Erfahrungen auch künftig bevorstehen werden, kann mich vielleicht wappnen. Ich weiß, dass ich anschließend gezielt nach der entgegengesetzten Erfahrung suchen muss, um zurück ins Gleichgewicht zu finden, nach Zeichen der Hoffnung, nach dem Guten im Kleinen. Und sei es im Frühling ein Tümpel mit Froschlaich, den ich als Zeichen deute, dass es auch neues Leben gibt. Das Kleine wird ohnehin immer wichtiger, wie wir noch sehen werden.

Man muss folglich kein Gutsherr wie Montaigne sein und im materiellen Sinne einen Turm besitzen. Die Fähigkeit, eine innere Burg zu bauen, die einen vor einem Übermaß an Negativität der Welt da draußen zu schützen vermag, kann jeder kultivieren. Voraussetzung dafür ist allerdings, dass man gewissermaßen in nähere Bekanntschaft mit sich selbst tritt, das Handwerk der Selbstbeobachtung und Selbstdistanzierung erlernt, also vertraut damit wird, eigene Emotionen zu deuten und zu lenken, und auch darüber Bescheid weiß, was wir von unseren Nächsten erwarten oder erhoffen dürfen, aber auch, womit wir sie besser verschonen sollten. Denn Gefühle der Angst, der Traurigkeit und der Wut, wie sie jetzt deutlich zutage treten, können hochansteckend sein und sich daher in ihrer Wirkung potenzieren. Gefühle wild wuchern zu lassen, kann genauso falsch sein wie der Wunsch, sie vor anderen zu verbergen und alles in sich hineinzufressen. Mal müssen wir zuallererst auf uns selbst aufpassen, mal auf die, die uns anvertraut sind. Ein Kunststück also, persönlich auf einem solch schmalen Grad unterwegs zu sein. Aber über diesen Grad müssen wir nun mal. Wie gesagt, man kann es sich nicht aussuchen, in welche Zeit mit ihren jeweils besonderen Turbulenzen man hineingeworfen wird. Und auch negative Emotionen können, wie wir noch sehen werden, ein Wegweiser zur Veränderung sein.

EINE ZEIT FÜR EULEN

Von der Eule der Minerva wissen wir, dass sie ihren Flug erst in der Dämmerung beginnt. Der Philosoph Georg Wilhelm Friedrich Hegel bemühte das bereits in der griechischen Antike berühmte Bild des Vogels, der für menschliche Weisheit steht, um darauf aufmerksam zu machen, dass wir nicht voreilig den Anspruch erheben sollten, bestimmte Entwicklungen, die sich erst andeuten, schon früh vermeintlich verstanden zu haben. Übermütige, besserwisserische Hähne krähen zwar schon früh am Morgen und wollen damit alle Aufmerksamkeit auf sich ziehen, aber die weise Eule kann warten, bis der Tag sich neigt. Erst wenn es allmählich dunkel wird, können wir das Vergangene erhellen, das ist die Paradoxie, für die die Eule mit ihrem grandiosen Rundumblick steht; die Weisheit kommt leider immer ein wenig zu spät. So richtig schlau aus allem können wir erst beim Blick in den Rückspiegel werden, wenn Krisen durchlebt sind.

Nun könnte man einwenden, dass in Hegels Eulen-Gleichnis etwas Verzagtes steckt, ein mutiger Blick nach vorn scheint hier unmöglich. Vor allem Utopisten haben ihm dies vorgeworfen, sie wollten sich nicht von einem so konservativen Tier mit Beharrungsvermögen, das abwartet, während die anderen drängen, an einem mutigen Zukunftsentwurf hindern lassen. Vielleicht können wir heute sagen, dass es gute Zeiten für Hähne und gute Zeiten für Eulen gibt, die jeweils eigene Antworten verlangen. Mal sind die Stürmer und Dränger in der Vorhand, die eine Idee davon haben, wie sich die bestehenden Verhältnisse zum Besseren wenden lassen, mal werden die Skeptiker lauter, die das Zögern und Zaudern in bestimmten Situationen für eine Tugend halten. Denn manchmal muss man auch warten können, bevor sich Gewissheit einstellt, anstatt sich in einfache Scheingewissheiten hineinzuflüchten. Geschichte wäre dann eine Wellenbewegung, in der sich Phasen des Reformeifers, des Aufbruchs, des Zukunftsoptimismus mit Phasen der Orientierungslosigkeit und auch des missmutigen Klammerns am Bestehenden ablösen. Pech für uns Ältere, dass wir uns zwar gut daran erinnern können, wie uns die Welle der Zuversicht seinerzeit nach oben trug, weil uns diese Welt zu gehören schien und morgen schon eine bessere werden würde, nun aber mit dem Gefühl leben, dass das Abebben gar nicht aufhören will. Etwas geht zu Ende, an das wir uns gewöhnt haben. Jetzt setzt die Dämmerung ein, und wir beginnen zu verstehen, was das genau war und was wir eher hätten verstehen sollen. Aber bis zum morgigen Tag reicht die Sicht noch nicht. Immerhin dürfen wir aber davon ausgehen, dass es ein Morgen geben wird, zumindest diese leise Zuversicht sollten wir uns bei aller Katastrophenstimmung ringsherum nicht abhandeln lassen. Das ist unsere Eulensituation.

Und die Jüngeren? Sie werden bereits »Generation Krise« getauft, was sich hoffentlich noch als voreilig erweisen wird, und haben leider noch gar keine

Erfahrung damit sammeln können, was für ein euphorisches Gefühl es ist, unterstützenden Wind unter die Flügel zu bekommen von einer Gesellschaft, die der Zukunft zugewandt ist, weil sie von einem besseren Morgen überzeugt ist. Die Entdeckung des »Prinzips Hoffnung« als kollektiver Treiber steht ihnen noch bevor, das Mut zum Experiment verleiht und das Gegebene plötzlich alt aussehen lässt. Zuversicht ist ja genauso ansteckend wie Verdruss. Stattdessen hören sie immerzu das Gegenteil: Die fetten Jahre sind vorbei, ihr werdet Mühe haben, den gewohnten Standard eurer Eltern auch nur zu erhalten, geschweige denn zu heben. Und die Klimakrise wird erst so richtig schlimm, wenn eure Eltern nicht mehr da sind. Sie wird den Kampf um die besten Plätze auf diesem Planeten dramatisch verschärfen. Das war bislang der Soundtrack ihres Erwachsenwerdens. Kein Wunder, dass sich manche von ihnen als »Letzte Generation« empfinden und die eigene Traurigkeit oder gar Verzweiflung zur Basis ihres ersten politischen Handelns machen. Immerhin, sie entdecken die vermutlich für sie verblüffende, selbstermächtigende Wirkung von »Ich handle, also bin ich«. Sie probieren sich aus, sie gehen erste Schritte und können die Konsequenzen eigenen Tuns beobachten, anstatt bloß passiv zuzusehen, wie sich ihr Lebenshorizont immer weiter verdüstert. Ein Recht auf taktischen Irrtum haben sie allemal und deshalb Milde verdient, solange es nicht blutig wird. Die Generation Krise hat es überdies zu tun mit einer Elterngeneration, die nur mühsam den Abschied von der Illusion des immerwährenden Wachstums vollzieht, die sich momentan ganz gern auch in Selbstzerknirschung übt und an der Frage abarbeitet, was der eigene Beitrag zur Zerstörung der Welt war, so wie wir sie kannten, warum man zwar lange gewusst, aber auch genauso lange wider dieses Wissen gehandelt hat, weil es dem eigenen Lebenskomfort diente. Aber so richtig ernst zu nehmen ist diese Zerknirschtheit nicht, denn die allermeisten Älteren würden wohl sofort eine Versicherungspolice unterschreiben, die Veränderungen ausschließt und ihnen glaubwürdig die Fortführung ihres bisherigen Lebens auch für die kommenden zwanzig Jahre garantiert. »Wir haben bislang immer nur Schwein gehabt im Leben«, hört man jetzt aus dieser (meiner) Alterskohorte häufiger, es wächst dort immerhin das Bewusstsein dafür, dass es Gründe zur Dankbarkeit für den unverdienten historischen Zufall gibt, ausgerechnet in diese Ära relativer Windstille hineingeboren worden zu sein. Zu dieser Dankbarkeit sollte mindestens gehören, dass man neben all den anderen problematischen Hinterlassenschaften nicht auch noch den eigenen Pessimismus an die nachfolgenden Generationen weitergibt. Wir können uns doch noch gut daran erinnern, dass es auch die gesellschaftliche Bewegung nach vorn gibt! Dennoch soll nun, und da schlägt die lange Gewöhnung an den Komfort wieder zu, für den fälligen Aufbruch bitte schön die nächste Generation zuständig sein. Vielleicht geht es ja doch noch ein bisschen weiter mit dem, was auf Dauer nicht funktionieren kann. Das war übrigens das Vergiftete an dem allfälligen Lob für eine junge Bewegung wie *Fridays for Future,* die sich nun, da sie ihre mobilisierende Kraft schon wieder fast verloren hat, die Frage stellen muss, warum alle sie toll fanden und was daran faul war. Obwohl doch Greta Thunberg aus Schweden anfangs alles dafür getan hat, mit scharfer Wut die älteren Generationen auf die Anklagebank zu verweisen. Deren Antwort darauf ähnelte mitunter einer tödlichen Umarmung voller herablassendem Verständnis. Die Wut sollte erstickt werden, damit hinterher alle wieder brav zur Schule gehen. Und beim Demonstrieren auf keinen Fall den fließenden Verkehr zum Erliegen bringen. Die Jüngeren stehen jedenfalls nun unfreiwillig vor der traurigen Wahl, in welcher Wirklichkeit sie leben und sich notdürftig einrichten wollen: sich einer Welt zu stellen, die zunehmend dystopisch beschrieben wird, oder alle Weltuntergangsszenarien in den Wind zu schlagen und weiterhin auf Konsum zu setzen, oder aber in die stets verfügbare zweite Welt der Games, Chats und Serien zu entfliehen. Auch dies ein Turm, der sich für kleine Fluchten stets anbietet und längst erschreckend viele Bewohner hat. Was die beiden Generationen eint, ist die getrübte Linse beim Blick nach vorn. Keine gute Zukunft – nirgends. Oder wie es vor einem knappen halben Jahrhundert schon einmal hieß: *no future.* Dabei darf es nicht bleiben.

Krise bedeutet im Wortsinne: Entscheidung. Also nicht: alles geht den Bach runter. Eine womöglich längere Zeit unbemerkte Entwicklung erfährt eine entscheidende Wendung dadurch, dass wir zu Unterscheidungen gezwungen sind. Sie lassen sich an einem bestimmten Punkt, weil der Problemdruck so groß geworden ist, nicht länger aufschieben. Was war bislang wichtig und ist es nun nicht mehr? Was hat lange Zeit funktioniert und knirscht nun plötzlich? Welche Routinen erweisen sich mehr und mehr als Blockade? Es wäre schon viel gewonnen, wenn wir dies verinnerlichen würden. Es gibt etwas zu entscheiden und unterscheiden, wir sind in einer Krise nicht zum Zuschauen verdammt, sondern, im Gegenteil, aktiv gefordert. Darin liegt ihre Produktivität und der verborgene Hoffnungskern, den wir zuverlässig übersehen, wenn wir mit dem Wort Krise vorschnell Untergangsszenarien assoziieren, in deren Strudel man ohnmächtig hineingerät. Schmerzhafte Verluste lassen sich in Krisensituationen nicht leugnen, erst recht nicht bei dem, was wir gerade erleben. Wir müssen etwas hinter uns lassen, was lange Zeit wertvoll schien. Und es ist ja momentan auch eine Menge, was wir zu verlieren haben, denn keine Gesellschaft zuvor hat bislang mit einem solchen Maß an Wohlstand, Sicherheit und Freiheit leben können wie unsere. Das gilt sogar für diejenigen, die von all dem Genannten noch am wenigsten abbekommen haben, sie leben immer noch viel besser als die große Mehrheit der Weltbevölkerung und auch, historisch betrachtet, als die meisten Privilegierten früherer Epochen. Im Krisenmoment haben wir die Wahl, ob wir nun die nicht selten bequeme Opferhaltung einnehmen oder lieber mitgestalten wollen. Freilich ist es einfacher zu leiden als zu verändern, das macht das Opferdenken so attraktiv. Dass in unserer Gesellschaft seit Längerem überbordende Opfer-Diskurse geführt und ständig neue »marginalisierte« oder »vulnerable« Gruppen identifiziert werden, deren Situation besonders beklagenswert sei, gehört zu den Pathologien unserer Zeit. Diese Diskurse stabilisieren das Gefühl, dass man als Einzelner ohnehin nichts bewirken kann, füttern die längst vorhandene Fixierung auf Ohnmachtserfahrungen und tragen daher zur herrschenden Misere bei. Dazu später mehr, zunächst geht es um eine Beschreibung dessen, was die Eule beim Blick zurück erkennen kann, was es ist, das nun zu Ende geht.

DOCH KEIN ENDE DER GESCHICHTE

Den folgenden Gedanken liegt die Vermutung zugrunde, dass gerade etwas Größeres geschieht, also nicht bloß das, womit man alle paar Jahre im Rahmen eines periodischen Auf und Ab rechnen müsste. Vielleicht ist es sogar etwas ganz Großes, ein tiefer Einschnitt von menschheitsgeschichtlicher Dimension, dessen Zeugen wir derzeit sind. Noch einmal, präzise wissen werden wir das erst hinterher, wenn die Eule ihren Flug in der Dämmerung bereits hinter sich hat, also die Umbrüche durchlebt sind. Wer mitten in ihnen steckt, kann sich in seinen Prognosen gewaltig irren. Aber es gibt doch deutliche Anhaltspunkte dafür, dass es sich beim derzeitigen Krisenreigen nicht bloß um einen alle paar Jahre fälligen, zyklischen Prozess im Rahmen kapitalistischer Entwicklung handelt, aus dem das herrschende System irgendwann mit neuer Kraft hervorgehen wird, weil es seine Dynamik seit jeher aus der Abfolge von Innovation und Zerstörung bezieht. Falls die Vermutung stimmt, dass der Blick weiter zurückreichen muss, um die Krisenlogik zu verstehen, befinden wir uns also momentan nicht in einem Tal, das zwischen zwei Gipfeln durchschritten werden muss, sondern eher am Endpunkt eines längeren oder eines gewaltigen Bogens. Damit sind zwei sehr unterschiedliche historische Entwicklungsprozesse gemeint, die jeweils genauer beschrieben werden müssen. Weil der Blick nach vorn derzeit noch so getrübt ist, kann ein Blick zurück vielleicht mithelfen, das innerlich zu verabschieden, was sich ohnehin überlebt hat, auch wenn es noch da ist und weiter wirkt. Wir werfen geistiges Gepäck ab, um unbefangener für das Morgen zu werden. Denn reale Veränderungen der Welt da draußen verlangen ja einen wachen Geist.

Der kleinere der beiden Bögen setzte mit dem Ende des sowjetischen Regimes an. Als der sogenannte »reale Sozialismus«, dem in keiner Weise nachzutrauern ist, zusammenbrach und der endgültige Triumph des globalen Kapitalismus besiegelt schien, schossen Illusionen von einem »Ende der Geschichte« ins Kraut. Der amerikanische Politologe Francis Fukuyama, von dem der viel zitierte Begriff aus dem Jahr 1992 stammte, wird zwar heute dafür gescholten, dass er so naiv gewesen sei, die Kombination von Kapitalismus und Demokratie für ein Modell zu halten, das für einen ganzen Globus taugen könnte und obendrein für die Ewigkeit gemacht schien, aber seinerzeit waren eben viele davon überzeugt, dass ein solches Goldenes Zeitalter anbricht, das nur noch Gewinner, keine Grenzen und eben auch kein Ende mehr kennt. Der ganze Planet wie eine riesige Börse, in der die Kurse immer nur nach oben streben. Geblieben ist von dieser Euphorie des Sieges sehr wenig, aber hier liegt leider auch eine geistige Wurzel für die bis heute verhängnisvoll wirksame Denkweise, dass wir ohne Alternative zum Gegebenen leben müssen. Fukuyama war es gelungen, die Vorstellung populär zu machen, dass mit dem globalen Kapitalismus der Endpunkt einer historischen Zwangsläufigkeit erreicht sei, gewissermaßen der letzte Sprung in der langen Fortschrittsgeschichte der Menschheit. Seitdem herrscht im Kopf kleines Karo. Es fehlt weithin an utopischer Fantasie, sich eine Gesellschaft jenseits dessen, was wir kennen, auch nur vorstellen zu können. Systemisch betrachtet sind unsere Schubladen immer noch leer, was gehörig zum derzeitigen Krisenbewusstsein beiträgt. Mit der Hilfe von Hannah Arendt könnten wir uns auf das Gegenteil besinnen und die Rede von vermeintlicher Alternativlosigkeit als Sackgasse des Denkens zurückweisen. Für sie gehörte es wesentlich zum Menschsein, dass wir immer neue Anfänge machen können. Das sah sie als in unserer Existenz von vornherein angelegt an. Selbst nach den größten Krisen und Katastrophen ist ein Neubeginn möglich. Diese stets bestehende Chance nannte sie die »Geburtlichkeit« des Menschen. Wir dürfen das so verstehen, dass wir nicht nur ein einziges Mal geboren werden – danach wären wir auf einen bestimmten Entwicklungspfad festgelegt. In jedem menschlichen Leben gibt es immer wieder Momente der Umkehr und der Neubesinnung, die gedankliche Stunde null. Wir waren nicht nur am Anfang Neuankömmlinge, sondern wir bleiben es stets. Und auch ganze Gesellschaften sind nicht so konstruiert wie ein fertiges Haus, das allenfalls noch einstürzen kann. Gerade die Demokratie-Idee ist wesentlich auf die Zuversicht angewiesen, dass alles, was wir heute entscheiden, schon morgen wieder revidiert werden kann. Dieses Haus wird niemals fertig, ist immer Baustelle. Wir können und müssen uns jeweils neu daran versuchen. Allein schon unter dem Generationenaspekt ist dies eine Frage der Gerechtigkeit. Ältere dürfen Jüngere nicht auf einen bestimmten Entwicklungspfad zwingen, sonst machen sie sie unfrei. Kurzum, wer sich in diesem Haus der Demokratie ein für alle Mal einrichten und nichts mehr verändern möchte, ist im geistigen Sinne eigentlich schon tot.

KAPITALISMUS ALS TOTALES SYSTEM

Mit dem Abstand von einigen Jahrzehnten betrachtet, erscheint es heute immer rätselhafter, wie tief und auch widerstandslos die Logik eines entfesselten Kapitalismus, der keine Alternative mehr kennt, unser Denken und unser Fühlen prägen konnte, so tief, dass es dauern wird, sich davon wieder zu lösen. Denn dieser Kapitalismus neuen Typs begnügte sich nicht mehr damit, ein Modell zu sein, wie Menschen arbeiten und Güter tauschen, wer in der Arbeitswelt über wen herrscht. Zu seiner Entfesselung gehörte wesentlich nicht nur eine veränderte Ökonomie, der Abschied vom alten Rheinischen Kapitalismus mit seiner Idee von sozialer Marktwirtschaft, die scharfe Ungleichheit noch zu vermeiden versuchte, sondern auch und vor allem ein Übergriff auf alle Bereiche unseres Lebens. Ein Prozess, den der Philosoph Jürgen Habermas schon früh »Kolonisierung der Lebenswelt« genannt hat. Die Ökonomie war plötzlich überall, in alle Bereiche des Alltags sickerte die Logik des Wettbewerbs ein, erklang das Loblied der Konkurrenz und begann die Herrschaft eines im Grunde trivialen Menschenbildes, das die Figur des rationalen Egoisten in den Mittelpunkt rückte, die ursprünglich aus dem Lehrbuch für Betriebswirtschaft stammte. Als ob wir zu jeder Stunde immer nur bestrebt wären, *Benchmarking* zu betreiben, Abläufe zu optimieren, den eigenen Vorteil zu suchen, und jede menschliche Beziehung automatisch einem Zweck unterworfen sei. Das ganze Leben wie eine Endlosserie von PISA-Tests, immerzu werden wir verglichen, gewogen und leider häufig für zu leicht befunden, sodass wir uns noch mehr anstrengen müssen. Gemeinnütziges Handeln und Empathie, überhaupt eine Ausrichtung des eigenen Lebens an bestimmten Idealen, die nicht zuallererst mit persönlichem Fortkommen zu tun haben, scheinen dieser Sozialfigur des *homo oeconomicus* genauso fremd zu sein wie Kultur und Müßiggang. Nichts in seiner Welt geschieht ohne Nutzen-Kalkül, immerzu ist er damit beschäftigt, den eigenen Vorteil zu suchen. Zum Glück entstammt eine solche Kreatur der ökonomischen Theorie und findet sich nicht allzu häufig im wirklichen Leben, wir sind ja doch gemischtere Existenzen, andernfalls wären unsere sozialen Beziehungen merkwürdig blutleer und freudlos. Wer möchte schon freiwillig von solchen menschlichen Karikaturen umgeben sein? Mitunter sind wir tatsächlich rationale Egoisten, zweifellos, und müssen dies übrigens nicht zwangsläufig zum Schaden von anderen sein, aber wären wir es immerzu, trüge unser Leben nur eine einzige Farbe, vermutlich einen äußerst langweiligen Grauton. Schon Aristoteles hat beschrieben, dass Freundschaften, die lediglich auf der Basis von wechselseitigem Nutzen beruhen, eigentlich nicht verdienen, Freundschaft genannt zu werden. Denn in einer wirklichen Freundschaft geht es uns ja wesentlich um das Wohl des anderen und nicht nur um die eigenen Interessen. Das gilt genauso für die Liebe und andere soziale Beziehungen, die ihren Zweck in sich selbst haben. Wenn Menschen sich um andere kümmern, müsste ein *homo oeconomicus* dies als pure Zeitverschwendung deuten, oder allenfalls als schnödes Tauschgeschäft, das mit der Erwartung auf spätere Gegenleistung eingegangen wird.

Wie gesagt, es bleibt in der Rückschau rätselhaft, warum ein derart halbiertes Bild vom Menschen als rationalem Egoisten binnen kurzer Zeit Fuß fassen konnte und dann rasch zum Mainstream wurde. Die Klassiker des philosophischen Liberalismus wie Adam Smith oder John Stuart Mill wären, hätten sie es miterlebt, vermutlich entsetzt gewesen, in welcher Weise diese Ideologie des Neoliberalismus ihre eigenen Ideale von Freiheit und Selbstbestimmung entstellt hat. Eine Gesellschaft, die aus lauter Ich-AGs besteht, haben sie sich gewiss nicht vorgestellt, als es für sie darum ging, dass Individuen die harten Zwänge hinter sich lassen sollten. Jedenfalls verwandelte sich der Kapitalismus auf dieser ideologischen Basis zu einem totalen System, das unser Bewusstsein und unsere Psyche bis heute stark beeinflusst. Inzwischen ist dieser Kapitalismus neuen Typs zu einer Lebenskultur der Ego-Zentrierung mitsamt einer Steigerungslogik des Immer-mehr geworden, er beeinflusst, weit über die Sphäre der Arbeit und des Wirtschaftens hinaus, wie wir lieben, Freundschaften pflegen, Care-Arbeit ausüben, freie Stunden verbringen, ja, sogar wie wir sterben wollen, kurz, was wir für ein gelungenes (oder sollten wir lieber gleich sagen: erfolgreiches?) Leben halten. Er ist Teil unserer Mentalität geworden, wir sind in ihn emotional verstrickt, sogar diejenigen, die sich seiner Lebenslogik in kritischer Absicht so gut es geht zu entziehen versuchen. Das macht den Abschied von ihm so kompliziert. Zu dieser kapitalistischen Mentalität passt der Witz über Außerirdische, die nach ihrer Landung auf der Erde die Menschen fragen, was sie hier tun, und von den Erdenbürgern zur Antwort bekommen: Wir rechnen mit allem! Wobei man zu diesem Witz heute noch hinzufügen kann, dass wir das Rechnen inzwischen an Algorithmen delegiert haben, damit der persönliche Nutzen noch höher ausfällt. Die Algorithmen *matchen* uns, wenn wir neue zarte Bande knüpfen wollen, damit sich auch die Liebe lohnt und wir keine Partnerschaften unterhalb unseres Marktwertes eingehen. Wirklich erstaunlich, dass man heutzutage keinen roten Kopf mehr bekommt, wenn man über seinen Marktwert räsoniert. Dieser veränderte Blick auf uns selbst, der in der Philosophie früher als Verdinglichung und Entfremdung gedeutet worden wäre, hat längst zahlreiche verräterische Spuren in der Alltagssprache hinterlassen. Mal betrachten wir uns selbst, wie im genannten Fall, wie eine Ware, die einen Tauschwert hat, ein anderes Mal wie einen Computer, der hoch- und runtergefahren, oder einen Akku, der in der Freizeit aufgeladen werden muss. Passenderweise hat man diese neue Gesellschaftsformation, mit der wir nun seit einigen Jahrzehnten leben, auch »emotionalen Kapitalismus« genannt. Das trifft es sehr gut, denn es gibt in unserem kapitalistischen Alltag eben nicht nur die kalte, rationale Seite, die uns an dieses System bindet, sondern auch eine affektive Verstrickung. Dieses totale System ist meisterhaft darin, unsere Bedürfnisse und Wünsche zu beeinflussen. Es lebt davon, ständig neue zu generieren, andernfalls geriete die Maschinerie schnell ins Stottern, was ihr Tod wäre. Niemals darf sie stillstehen. Für das kapitalistische System mit seinem Wachstumszwang, der nie ein Genug kennen wird, gibt es das einprägsame Bild von einem Fahrrad, das immer bewegt werden muss. Bleibt es stehen, kippt es sofort um.

Begonnen hatte der Kapitalismus einst mit harter Ausbeutung und Verelendung, dann gelang es durch

Bewegungen der Solidarität und des Klassenbewusstseins von unten, ihn vorübergehend zu zähmen. Inzwischen aber greift er ein in unsere Psyche und wünscht sich von uns, dass wir nie mehr mit dem Wünschen aufhören und möglichst jeder Tag im Jahr ein *Black Friday* ist, an dem man Kauflust erleben kann. Und er wünscht sich von uns, dass wir uns wechselseitig zuallererst als Konkurrenten begreifen.

Auch dies gehört zur gegenwärtigen Krise: Wir stehen vor der Aufgabe, Prägungen nach und nach aufzulösen, die so tief in uns wurzeln konnten, weil sie ein höchst attraktives Glücksversprechen enthielten. Die neoliberale Ideologie, deren Niedergang wir gerade erleben, ist eben weit mehr als nur eine globale Wirtschaftsform, sie ist Ausdruck einer bestimmten Lebenskultur und basiert auf der Vorannahme, wie Menschen von Natur aus sein könnten, nämlich immerzu nutzenorientiert und egoistisch, zudem überaus begierig, niemals genügsam. Anfangs, in den hedonistischen 1990er-Jahren, war diese Ideologie beileibe nicht hässlich, auch wenn sie uns heute so vorkommen mag. Nein, sie leuchtete, sonst hätte sie nicht so erfolgreich sein können. Aber was war es, das da einen solchen Glanz verbreiten konnte? Es war die Erzählung von einem modernen Subjekt, das eine faszinierende Form der Selbstermächtigung ins Zentrum seines Denkens und Wollens gerückt hat, den festen

Glauben daran, dass menschliche Freiheit zuallererst darin besteht, auf niemanden angewiesen zu sein. Es hat ja auch etwas Berauschendes, sich vorzustellen, dass Individuen alle Ketten abstreifen und alles, was für die persönlichen Lebensziele wichtig ist, aus sich selbst schöpfen können. Herkunft, Tradition, Klasse, also all jene Kategorien, die bislang zeigen sollten, in welcher Weise unser individuelles mit dem sozialen Leben verwoben ist, schienen rasant an Bedeutung zu verlieren. Als ob wir alle Insulaner wären und nur in losem Kontakt mit anderen Insulanern stünden. Ein Ich, das weithin ohne Du und Wir auskommen können soll in einer »Gesellschaft der Singularitäten«, wie es der Soziologe Andreas Reckwitz formuliert hat, deren höchste Tugend für den Einzelnen darin besteht, besonders zu sein, sich von anderen zu unterscheiden. Deshalb werden in sozialen Netzwerken ständig Bilder von besonderen Momenten, besonderen Orten und besonders glücklichen Menschen hin und her geschickt, wie singulär man ist und der Glücklichste von allen, will vorgezeigt sein. Schade nur, dass all das aufhört, so besonders zu sein, wenn es alle tun. Auf diese Weise wird der Kampf um Aufmerksamkeit zum sinnentleerten Lauf im Hamsterrad.

Selbst zum Ende hin, wenn es ans Sterben geht, besteht das neue Freiheitsideal darin, auch wie ein Insulaner abzutreten, möglichst niemandem zur Last zu fallen und ohne eine helfende Hand auszukommen. »Autonomie bis zum letzten Atemzug«, lautet die Parole derer, die nicht auf die Tragfähigkeit von sozialen Bindungen angewiesen sein möchten und auch noch die Umstände rund um den letzten Seufzer selbst in der Hand behalten wollen. Verletzlichkeit passt nicht in eine Gesellschaft der Sieger. Einzige Voraussetzung dieses Freiheitsideals spätestens von der Schule bis zur Bahre: Die permanente Bereitschaft, an sich selbst zu arbeiten, sich nie damit zufriedenzugeben, dass es vielleicht einen kleinen Makel in der eigenen Präsentation geben könnte. Denn immer findet sich etwas, das sich optimieren ließe, um den eigenen Marktwert zu steigern. Das Leitbild vom unternehmerischen Ich lebt von diesem Geist der Optimierung. Er richtet sich längst nicht mehr nur an Tugenden und Fertigkeiten aus, die am Arbeitsplatz benötigt werden. Auch hier ist der Anspruch total: mentale und körperliche Fitness, die permanente Arbeit an einem attraktiven Äußeren machen sich auch in der freien Zeit bezahlt, und Jugendlichkeit gilt als härteste Währung. Jeder soll eben »seines Glückes Schmied sein«, ohne anderer zu bedürfen. Die alte Redensart, die trotz ihres wahren Kerns schon immer auch einen ideologischen Charakter hatte, weil sie die höchst ungleiche Verteilung von Lebenschancen ignorierte, feierte ihre Wiederkunft im neoliberalen Zeitalter. Inzwischen können wir allerdings hinzufügen, worin das Unglück des Schmieds in unseren Zeiten besteht. Er kann nur noch sich selbst dafür verantwortlich machen, wenn ihm im Leben etwas misslingt, wenn er selbst gesteckte Ziele verfehlt. Sofern er wirklich davon überzeugt ist, in der besten aller Welten zu leben, die jeglichen Raum zur Selbstverwirklichung bietet, bleibt im Falle des Scheiterns nur noch die Selbstanklage: Vielleicht hätte ich noch stärker an meiner *Performance* arbeiten müssen, vielleicht waren andere noch motivierter. Selbst wenn es noch gut für ihn läuft, lebt der moderne Schmied immer mit dem Unbehagen, eines Tages vermutlich nicht mehr den Maßstäben anderer genügen zu können. Die Arbeit an der persönlichen Optimierung wird zur Dauerbaustelle. Denn leider schaut immer wieder ein neuer menschlicher Makel um die Ecke, hören wir niemals auf, verletzliche und bedürftige Wesen zu sein.

Im alten Kapitalismus kamen die harten Zwänge noch von außen. Ausbeutungsverhältnisse in der Klassengesellschaft waren unverschleiert und entschieden darüber, wem welcher Platz zukam. Herkunft allein entschied über Zukunft. Dagegen ließ sich noch mit gutem Recht rebellieren, offen oder insgeheim. Man arbeitete, um seinen Unterhalt zu verdienen, kein Mensch hätte zusätzlich erwartet, dass man sich mit den herrschenden Verhältnissen im Job gefälligst identifizieren müsse oder an die eigene Erwerbsarbeit die Erwartung richtet, dass sie der Selbstverwirklichung dient. Heute erzählt einem dagegen jeder Consultant, Erfolg in der Arbeitswelt hänge entscheidend daran, dass man die Leitsätze des eigenen Unternehmens wie quasireligiöse Inhalte zu behandeln habe. »Wir haben eine Mission, glaube auch du daran«, lautet der Imperativ, dann stehen dir alle Wege offen. Die Arbeit soll der Ort sein, an dem nicht nur Geld verdient, sondern Lebenssinn geschöpft wird, was freilich nur gelingt, wenn man dort nicht bloß auferlegte Pflichten erfüllt, sondern sich als ganze Person einbringt. Sofern es die Leistung steigert, darf am Arbeitsplatz deshalb gern auch zwischendurch am Tischkicker gespielt werden. So wird die Firma zum eigentlichen Zuhause. Idealerweise soll alles eins sein: Arbeit und Freizeit, Kollegialität und Freundschaft, Kommunikation rund um die Uhr, ständige Verfügbarkeit, aber bitte schön aus freien Stücken. Niemand wird hier gezwungen. *Start-up,* heißt die Botschaft, fahre dich selber hoch, damit kein Chef dies von außen für dich erledigen muss. Sich selbst zur Arbeitsdisziplin zwingen zu können, wird als Freiheit gedeutet, als Ergebnis eigener Wahl. Der Gefühlskapitalismus in einer Gesellschaft der idealerweise stets Hochmotivierten fordert den ganzen Menschen, mit Haut und Haar. Wenn der sich daraufhin selbst überfordert: selbst schuld.

HÖRT DER KAPITALISMUS NIEMALS AUF?

Diese Denkungsart, die zugleich faszinierend und erschreckend ist, die sowohl beglücken als auch krank machen kann, die einen jahrzehntelangen Siegeszug um die halbe Welt hinter sich hat, soll nun tatsächlich im Niedergang begriffen sein? Zumal wir doch, dies sei wiederholt, um die Errungenschaften nicht zu unterschlagen, noch nie zuvor ein besseres Gesellschaftsmodell hatten, mit so vielen, einst völlig undenkbaren Freiheitsspielräumen! An dieser Stelle ist es wichtig, genauer zu werden, um nicht Kapitalismus mit Demokratie zu verwechseln, auch wenn sie nebeneinander existieren. Die Freiheit verdanken wir der Demokratie, ihr Ort ist das Politische, dort fällt die Entscheidung, auf welche Weise wir leben wollen. Oder sollte sie fallen, es sei denn, ökonomische Macht erobert diesen Raum für sich und unterwirft alles der Logik des Marktes. Ein gezähmter Kapitalismus, der sich wieder auf den Bereich des Ökonomischen beschränkt und nicht in alle Lebensbereiche einsickert, kann, wenn es gelingt, ihn einzuhegen und zugleich gerechter zu machen, mit der Demokratie-Idee sehr wohl vereinbar sein. Man müsste es auf einen neuen

Versuch ankommen lassen. Wie sollten wir ihn auch gänzlich abschaffen wollen, ohne zuvor etwas Intelligenteres gefunden zu haben? Bislang sind die Schubladen in dieser Hinsicht leider leer, die ökonomischen Denkschulen an den Universitäten beschränken sich darauf, das herrschende Wachstumsmodell zu bestätigen, mitunter dekoriert mit der verheißungsvoll klingenden Formel vom »grünen Wachstum«, die uns glauben machen soll, wir könnten dauerhaft von Wohlstandsverlusten verschont bleiben, an gewohnten Lebensstilen festhalten und alle in einen Tesla umsteigen. Folglich sind es bislang allein Graswurzel-Initiativen, die versuchen, gesellschaftliche Inseln zu bilden, auf denen alternative, gemeinwohlorientierte Formen des Wirtschaftens erprobt werden. Aber für die Gesellschaft insgesamt gilt, dass der Kapitalismus in seiner entfesselten Form auf längere Sicht auf eine Rottweiler-Gesellschaft hinausläuft, in der Gemeinsinn immer weiter zerstört wird. Deshalb schwindet auch die Zustimmung zu unserer Gesellschaftsordnung stetig und wächst die autoritäre Versuchung. Die wenigsten sind einverstanden damit, wie der Reichtum derzeit verteilt ist, und wünschen sich mehr Egalität und weniger scharfe Ungleichheit, als sie die neoliberale Ära in geradezu obszöner Weise produziert hat. Ein historischer Vergleich dazu: Als der Regisseur Orson Welles 1941 die Figur des Verlegers William Randolph Hearst zur Inspiration für seinen Film *Citizen Kane* nahm, galt der mit einem Vermögen von circa 200 Millionen Dollar als einer der reichsten Menschen der Welt. Die Super-Reichen von heute bewegen sich aber bereits in einem dreistelligen Milliarden-Bereich. Sie treten auf wie Superstars und verkörpern das Prinzip Maßlosigkeit, das sich wie eine Kaskade von oben herab in die gesamte Weltgesellschaft ergießt. Sie besitzen nominell fast das Tausendfache dessen, was seinerzeit Hearst sein Eigen nannte, und sind damit machtvoller als viele Staaten, was wiederum der Demokratie schweren Schaden zufügt. Ein kleiner Club entscheidet darüber, wohin Ressourcen fließen, wofür Forschungsgelder verwandt werden. Was sie unter Fortschritt verstehen, wird so zum allgemeinen Gesetz, wenn aus ihren Geldern mächtige Stiftungen entstehen. Was sie unter Meinungsfreiheit verstehen, bestimmt die Regeln der Kommunikation auf digitalen Plattformen. Vieles schreit also gerade jetzt zum Himmel, aber interessanterweise läuft die Einhegung bereits, die neoliberale Idee verliert mehr und mehr an Boden. Wenn der Markt Grundbedürfnisse nicht mehr befriedigen kann, Gesundheit, Wohnen, Verkehr, dann ist plötzlich, so wie jetzt, da die Infrastruktur bröckelt, der Staat wieder gefragt. Er darf sogar mitunter verstaatlichen, wenn das Getriebe stockt, was noch vor Kurzem als Übergriff auf das Allerheiligste, das Privateigentum, gebrandmarkt worden wäre. Es bewegt sich nach langem Stillstand etwas, auch unterhalb eines kompletten Systemwechsels: im realen Leben der Ökonomie, aber vor allem in den Köpfen. Dem Kapitalismus als Religion der Konkurrenz erst recht als Illusion unendlichen Wachstums kommen die Gläubigen zunehmend abhanden, die Botschaft überzeugt nicht mehr. Momentan verhalten wir uns mehrheitlich so wie Kinder, die zu groß geworden sind, um noch glauben zu können, was lange über die Herkunft der Geschenke erzählt worden ist. Wir würden gern weiterhin verzaubert und in unserem Kinderglauben bestätigt werden, aber mit jedem weiteren Tag wachsen die Zweifel.

DIE GENIALITÄT DES KAPITALISMUS

Gleichwohl ist die Vorsicht vor Abgesängen auf den Kapitalismus an und für sich an dieser Stelle ein Gebot der Ehrlichkeit. Denn bislang hat dieses intelligente, fleißig lernende System noch jede Krise überstanden und war hinterher jeweils noch agiler und dynamischer als zuvor. Alle bedeutenden Kritiker des Kapitalismus waren deshalb auch stets dessen Bewunderer. Selbst das »Kommunistische Manifest« von Karl

Marx und Friedrich Engels liest sich stellenweise wie eine Hymne auf diesen Geist der produktiven Zerstörung, der aus den Ruinen des Alten zuverlässig Neues schafft, das begeistert. »Alles Ständische und Stehende verdampft, alles Heilige wird entweiht«, bejubelten die beiden in dieser Schrift diesen Vernichtungswillen, den sie in der Verlängerung auf den Kapitalismus selbst richten wollten. Ein über lange Zeit erfolgreiches Modell wird irgendwann an den eigenen Triumphen ersticken, wenn die gesellschaftlichen Widersprüche zu groß werden, um im bisherigen System gelöst werden zu können, davon waren Marx und Engels überzeugt und sind wir es heute ganz und gar nicht mehr. Jedenfalls nicht davon, dass das, was danach kommt, automatisch einen Fortschritt gegenüber dem Bestehenden darstellen wird. Je nachdem hoffen oder fürchten wir noch, dass es ewig so weiterläuft. Und wissen insgeheim doch längst, dass dies nicht der Fall sein wird. Oder spüren es zumindest, als Unbehagen gegenüber der eigenen, in zweierlei Hinsicht verausgabenden Lebensweise. Denn der Kapitalismus mag zwar genial darin sein, mit fast allem zu rechnen. Aber weder kennt er eine mathematische Formel dafür, wie das in ihn eingeschriebene Gesetz, permanent wachsen zu müssen, um nicht einzustürzen, in einer endlichen Welt auf Dauer realisierbar sein soll, noch berücksichtigt er die Endlichkeit von Individuen, was Beschleunigung, Leistungsoptimierung und die Fähigkeit zur Resilienz angesichts permanent erlebter Konkurrenz angeht. Wenn wir es damit zu weit treiben, schlägt, was längst zu beobachten ist, der Wunsch nach Freiheit und Autonomie in Vereinzelung oder gar Depression um. Oder, was viel besser wäre, in die Suche nach Alternativen, nach dem, was uns mit anderen verbindet, wie ein anderes Verständnis von Freiheit und Selbstbestimmung aussehen könnte. Trennungen überwinden, neue Netzwerke knüpfen, überhaupt gemeinsam mit anderen Neues in die Welt bringen, das wird der Stoff für künftige Experimente sein. Nein, sie sind vielerorts längst im Gange, die Suche hat schon begonnen. Das Kunststück besteht heute für viele, die noch gebunden, aber nicht mehr überzeugt sind, darin, gewissermaßen aus dem Zustand einer inneren Kündigung, aus einem mürrischen Dagegen-Sein, einen neuen Anfang zu machen, ein aktives *Für-etwas*-Sein.

Zwei Zukunftsfragen sind daher an das Lebensmodell eines vollends entfesselten Kapitalismus zu richten, und zweimal dürfte die Antwort Nein lauten: Wird mit ihm auf Dauer ein gutes Leben möglich sein, aus dem sich Sinn schöpfen lässt? Diese Frage berührt die individuelle Ebene inklusive persönlicher Glückspräferenzen. Wird mit ihm auf Dauer ein Überleben möglich sein? Diese Frage betrifft die gesamte Gattung Mensch und alles Leben auf dieser Erde. Dass letztere nun angesichts der Klimakrise mit Vehemenz gestellt wird, ist ein Indiz dafür, dass es nötig ist, den Blick zurück noch mehr zu weiten, um zu verstehen, was es ist, das nun allmählich zu Ende geht und uns zu ratlosen Zeitgenossen macht, denen es an Zukunftsorientierung fehlt.

DAS ZEITALTER DER TRENNUNGEN

Schauen wir also auf den deutlich längeren der beiden Bögen. Während der erste zu einer Zeit ansetzte, die vielen unter uns aus eigenem Erleben noch sehr präsent ist, die Entstehung einer neuen Weltordnung nach dem Ende des Kalten Krieges samt Globalisierung und Digitalisierung, reicht ein viel gewaltigerer historischer Bogen Jahrhunderte zurück bis in die Anfänge der Neuzeit. Hier wurden die Grundlagen dafür gelegt, wie wir bis heute auf unsere Welt schauen und was wir mit ihr anfangen möchten. Einer der Väter dieses Weltverhältnisses war im 17. Jahrhundert der Philosoph und Mathematiker René Descartes. Er hat sich das Universum wie ein riesiges Uhrwerk vorgestellt und wollte dessen Mechanik genauer verstehen, also bildlich gesprochen, wie die einzelnen Rädchen ineinandergreifen. Ein Problem in seine Einzelteile zerlegen, so weit, bis man auf etwas Einfaches stößt, das nicht mehr zerlegbar ist und mit dem man etwas Neues anfangen kann, das war die bahnbrechende Herangehensweise des heraufziehenden neuen Zeitalters. Auseinandernehmen und neu zusammenbauen, analysieren und synthetisieren, die Welt galt nach diesem mechanistischen Verständnis fortan als eines Tages womöglich vollends ausrechenbar. Manche Astrophysiker fahnden ja bis heute nach der sogenannten Weltformel, die alles auf einen Nenner bringt. In der frühen Neuzeit begann das große Vermessen aller Naturphänomene. Der Astronom Galileo Galilei hatte da bereits als Ziel formuliert, alles zu messen, was messbar ist, und alles messbar zu machen, was noch nicht messbar ist. Seitdem rechnen wir mit allem, oder versuchen es zumindest, um noch einmal an den erwähnten Witz mit den Außerirdischen zu erinnern. Ein Prozess, der bis heute andauert, in allen Lebensbereichen lässt sich diese Logik der Quantifizierung beobachten. Zum neuzeitlichen Denken gehörte von Beginn an eine humane Selbstermächtigung. Der englische Philosoph Francis Bacon hat sie in dem berühmten Satz »Denn Wissen selbst ist Macht« auf den Punkt gebracht. Wenn sich in Technik umsetzen lässt, was die Wissenschaft an Erkenntnissen liefert, so sein Gedanke, dann wird es der Menschheit immer besser gelingen, die Natur zu beherrschen und Schritt für Schritt höhere kulturelle Entwicklungsstufen zu erreichen. Dieses Trennen und immer weitere Zerlegen erwies sich in der Folge als unglaublich erfolgreiche Methode der wissenschaftlichen Umgestaltung der Welt, der wir zahllose Fortschritte zu verdanken haben, sodass unser Leben mit dem in früheren Zeitaltern kaum noch etwas gemeinsam hat. Von einem romantischen Weg zurück zur Natur zu träumen, lohnt nicht, ihn gibt es ohnehin nicht, selbst Rousseau, dem dies häufig unterstellt wird, wollte die Menschheit nicht zurück in den Naturzustand katapultieren. Im Übrigen wollen wir auch gar nicht mehr tauschen und die längst nicht mehr zählbaren kulturellen Errungenschaften hergeben, die unser Leben um so vieles leichter gemacht haben. Denn wer würde freiwillig allein schon einen banalen Zahnschmerz unter den Bedingungen des Mittelalters aushalten wollen? Heute können wir, weil es den Naturwissenschaften gelang, immer kleinere Bausteine zu entdecken, das menschliche Genom entziffern, menschliche Augen mit einem Laser operieren, der auf der Fläche eines Millimeters die Kraft eines Presslufthammers konzentriert, demnächst hoffentlich im großen Stil mit Wasserstoff fossile Rohstoffe ersetzen und viele andere intelligente Lösungen finden, die dem Wohl der Menschheit dienen. Wir können aber auch künstliche

Viren züchten, industriellen Massenmord in KZs verüben und Atombomben bauen, die das Potenzial haben, alles Leben auszulöschen. Folglich gibt es nicht den einen »Fortschritt« im Singular als lineare Entwicklung nach oben, vom Dunklen ins Helle, hin zu einem für alle automatisch immer besser werdenden Leben mit mehr Freiheit, Gerechtigkeit und Glückseligkeit, sondern viele einzelne Fortschritte auf unterschiedlichsten Gebieten gehen stets mit der Gefahr einher, dass ein Schritt nach vorn schon im nächsten Moment in Barbarei umschlägt. Auch die Pioniere der KI räumen gerade freimütig ein, nicht wissen zu können, ob das Instrument, das sie geschaffen haben, sich noch als Fluch erweisen wird. Die Decke der Zivilisation ist eben dünn, kann jederzeit reißen, und darunter verbirgt sich viel Trübes und Gewalttätiges, das wir vermutlich niemals endgültig zum Verschwinden bringen werden. Das ist die zutiefst deprimierende Lektion des Krieges, von der wir dachten, sie zu erlernen gar nicht mehr nötig zu haben. Auch dies eine Illusion aus der windstillen Welt von gestern. Der Hass und der Vernichtungswille waren immer da, wenn auch eher im Verborgenen, und wenn Gewalt Gegengewalt provoziert, entstellt sie auch diejenigen, die sich auf der Seite des Guten wähnen. Menschen führen keinen Krieg, er führt sie. Auch eine Gesellschaft, die sich selbst für aufgeklärt hält, bewegt sich stets in unsicherem Gelände, kein einziger Fortschritt ist dauerhaft garantiert. Das haben Horkheimer und Adorno nach Weltkrieg und Shoa bereits als »Dialektik der Aufklärung« erkannt, dass immer dann, wenn eine auf technische Rationalität und Machbarkeit reduzierte Form der Vernunft dominiert, auch Herrschaft und Unterwerfung im Spiel sind. Wer die Natur unterjocht, unterjocht im nächsten Schritt auch den Menschen und bedient sich dabei als Instrument womöglich auch neuester wissenschaftlicher Methoden. Horkheimer und Adorno sprachen deshalb auch von instrumenteller Vernunft, wenn menschliche Rationalität so sehr darauf verengt wird, dass nur noch die jeweils verfügbaren neuen Mittel und Möglichkeiten gesehen werden, aber nicht mehr die langfristigen Folgen. In Daniel Kehlmanns Roman »Die Vermessung der Welt« ist eindrücklich beschrieben, wie nah menschliches Genie und Besessenheit bei der Umgestaltung des Planeten durch wissenschaftlich-technischen Vernunftgebrauch liegen. Der Naturforscher Alexander von Humboldt wird hier gezeichnet als einer, der rastlos um die Welt eilt, um ständig neue Entdeckungen zu machen, dabei aber blind wird für die negativen Folgen seines Getrieben-Seins. Man meint, dass jede neue Erkenntnis den Horizont erweitern soll, tatsächlich aber bewegt sich dieser Humboldt durch seine Welt wie durch einen Tunnel und geht im

Zweifelsfall zugunsten einer neuen Entdeckung buchstäblich über Leichen. Es ist eben großartig und gefährlich zugleich, wenn man anfängt, die Welt nach der Methode Descartes zu »zerdenken«, um dem Bauplan des Lebens und den Bewegungsgesetzen dieses Universums auf die Spur zu kommen. Der Blick auf das Kleinste, Abgetrennte wird immer genauer, aber der für das große Ganze, wie alles miteinander verwoben ist, droht zu verkümmern. Lauter Bäume können eben den Wald zum Verschwinden bringen. Darin besteht die Ambivalenz dieser Ingenieursperspektive auf die Welt, die sie sich zum Gegenstand macht, in der die Hybris der Naturbeherrschung von vornherein mit angelegt war.

SOLASTALGIE – WIE WIR VON EINEM NEUEN LEBENSGEFÜHL ERFASST WERDEN

Lange Zeit schien die Unterwerfung der Welt in einer guten Weise zu gelingen, unser Leben heute ist auf seinerzeit unvorstellbare Weise länger, bequemer, viel abwechslungsreicher und sicherer geworden. Aber nun sind wir dabei, mit Wucht von diesem fiktiven Herrscherthron gestoßen zu werden und mühsam in eine äußerlich erzwungene Haltung der Demut zurückzufinden. Der Homo Faber hat sich überhoben, registriert verwundert, dass in dieser Welt doch nicht alles für ihn verfügbar ist, und sucht nun verzweifelt nach Strategien der Anpassung oder des Rückbaus. Bislang haben wir ja mit der Logik gelebt, dass sich unser Wirkungskreis dadurch stetig vergrößert, dass wir uns immer mehr Welt auch im räumlichen Sinne einverleiben. Während noch vor drei Generationen der Radius des Erlebten für fast alle auf die unmittelbare Umgebung beschränkt war, was in der Regel ein paar Dörfer waren, halten viele es heute für selbstverständlich, mehrmals im Jahr ein Flugzeug zu besteigen. Als gäbe es einen Anspruch darauf, diese Welt gewissermaßen zu »verzehren«. Ob es gelingen wird, diesen Radius aus freien Stücken wieder zu verkleinern und dem Lockruf der Wachstumsgläubigen zu widerstehen, dass das gar nicht nötig sei? Entscheidend dafür dürfte gewiss nicht allein eine rationale Kosten-Nutzen-Abwägung sein, denn Menschen sind nun mal nicht immerzu vernünftig. Manchmal wissen wir tatsächlich nicht, was wir tun, und sind noch unwissend, aber oft wissen wir es sehr genau und tun es trotzdem. Bedeutender als mentale Voraussetzung für einen gelingenden Rückbau ist vermutlich unser emotionales Erleben, das uns gegenwärtig in ein anderes Naturverhältnis hineinzwingt. Ein länger andauernder Starkregen in der Umgebung eines Flüsschens mit anschließenden verheerenden Überschwemmungen besitzt mittlerweile die Qualität, die wahren Kräfteverhältnisse, wer hier wen beherrscht, aufzuzeigen. Eine lange Phase der Trockenheit im Sommer lastet auf den Seelen und ruft die bange Frage auf, wie wir künftig elementare Bedürfnisse noch werden stillen können. Und währenddessen stellen sich überwunden geglaubte Emotionen bei uns ein, die bereits für den vormodernen Menschen im Hinblick auf Naturgewalten charakteristisch waren: Ohnmacht, Furcht, das Gefühl, nicht mehr richtig beheimatet zu sein. Der australische Philosoph und Nachhaltigkeitsforscher Glenn Albrecht interessiert sich seit fast zwanzig Jahren für den Zusammenhang zwischen Psyche und Umwelt. Er hat nach einem Wort gesucht, das die emotionale Seite von Naturzerstörung fassen kann, und entschied sich für das Kunstwort »Solastalgie«. In ihm sind die englischen Begriffe *nostalgia* (Nostalgie), *solace* (Trost) und *desolation* (Trostlosigkeit) enthalten. Albrecht ging es darum, auf die Bedeutung von bestimmten Orten und Umgebungen für unsere seelische Verfassung hinzuweisen. Menschen, die einsam sind oder Trost benötigen, suchen häufig in der Natur bestimmte geliebte Orte auf. Dorthin zieht es uns, wenn wir wieder in eine Balance kommen wollen. Werden diese Orte zerstört, geht das Heilsame verloren, und es stellt sich Leid ein. Albrecht hat Solastalgie als Heimweh in der Heimat beschrieben, wen es erfasst, der erlebt Ähnliches wie jemand, der seine Heimat verlassen musste und sich in der Ferne nach ihr schmerzlich sehnt. Albrecht stieß auf dieses seelische Leid zum ersten Mal bei Bewohnern des Hunter Valley im Osten Australiens. Der Kohletagebau hatte die einstige landschaftliche Schönheit in einen vergifteten, lebensfeindlichen Ort verwandelt. Und mit ihr eben auch die seelische Gesundheit der Menschen ruiniert. Sie waren beim Anblick verwüsteter Mondlandschaft erfasst von einem Gefühl der Verlassenheit, durch die Zerstörung des Vertrauten plötzlich zu Fremdlingen geworden, unbeheimatet im eigenen Zuhause. Albrecht ist sich sicher, dass durch künftige Umweltkatastrophen solche existenziellen Erfahrungen für uns noch dominanter werden. In seinem Begriff Solastalgie steckt allerdings auch eine positive Kraft, ein starkes Verlangen, das zu bewahren, was einem lieb ist, eine Menschenverbindende Solidarität im Widerstand gegen fortgesetzte Zerstörung. Vermutlich ist der Blick auf solche inneren Prozesse, auf das, was Albrecht »Erde-Psyche-Beziehungen« nennt, noch bedeutsamer für das ökologische Projekt einer neuen Versöhnung des Menschen mit der Natur als positivistische Wissenschaft, so wichtig sie ist, die uns immerzu die Verluste vorrechnet und dabei Gefahr läuft, ungewollt Lähmung und Fatalismus auszulösen. Das Gefühl, es sei für eine Rettung längst zu spät, ist ja weithin verbreitet. Viele kennen inzwischen auch bei uns die solastalgische Erfahrung, diese Art emotionaler Gleichgewichtsstörung, aus eigenem Erleben. Durch Trockenheit zerstörte Wälder oder der gewaltige Flächenfraß durch Braunkohleabbau haben sehr gemischte Gefühlszustände hervorgerufen: Traurigkeit, Verlassenheit, Wut, Entschlossenheit im Protest. Dabei erleben wir gerade erst die Anfänge, und die eigentliche Klimakrise hat noch gar nicht begonnen! Wir müssen dafür gewappnet sein, dass sich häufiger Heimweh einstellt, auch wenn wir uns gar nicht vom Fleck bewegen.

ICH UND MEIN PLATZ IN DIESER WELT

Plötzlich wieder den sogenannten Launen der Natur, die doch längst unterworfen schien, hilflos ausgeliefert: Es ist, als ob wir momentan eine Selbstverkleinerung des bei Descartes noch so stolzen, intellektuell selbstbewussten Ichs erleben, das an allem ringsherum zu zweifeln begann, aber schließlich Halt fand in der Vorstellung, sich selbst zum denkerischen Zentrum dieser Welt zu machen. »Ich denke, also bin ich«, lautete ja seinerzeit sein berühmtester Satz. Descartes hatte für seine intellektuellen Meditationen alle Termine abgesagt, sich in seine Kammer zurückgezogen und fast wie ein Gott in sieben Tagen eine neue geistige Welt geschaffen. Bereits hier findet sich die Vorstellung, dass das einzelne kluge Subjekt im Mittelpunkt steht, abgeschieden von anderen, im Prozess der Erkenntnis und bei der Gestaltung seiner Welt nicht angewiesen auf den Dialog mit anderen. Aber Menschen sind keine Monaden, die beziehungslos nebeneinander existieren, sie sind soziale Wesen, existenziell auf Begegnung und ein Du angewiesen. Wenn wir geboren werden, ist es das Erste, dass wir angesprochen wurden. Wie wir heißen, haben wir nicht aus uns selbst geschöpft. Heute müssten wir den Leitsatz von Descartes umformulieren: Ich denke, also muss ich jetzt auch an die ruinösen Folgen des Denkens von gestern denken, als ich vielleicht zu ego- oder auch anthropozentrisch gedacht habe. Ich denke, also muss ich auch der Tatsache eingedenk sein, dass mein Denken, wenn es die Welt umgestalten will, dazu neigt, zukunftsblind zu sein, in der Gegenwart noch ohne Sinn für die späteren Kollateralschäden des eigenen Handelns. Dann kann es passieren, dass der Versuch, alles messbar zu machen und in Zahlen zu verwandeln, ironischerweise im Ergebnis Maßlosigkeit hervorbringt. »Nichts im Übermaß« war schon in der griechischen Antike als Mahnung zu lesen beim Eintritt ins Orakel von Delphi. Zu dieser Zeit war man noch der Auffassung, dass es zur natürlichen Ordnung der Welt gehöre, so etwas wie ein rechtes Maß zu besitzen. Freilich galt dies als nicht so einfach zu erfassen wie heute eine Null oder eine Eins, es ging hier nicht um eine Rechenaufgabe. Das rechte Maß schien der Welt so eingeschrieben zu sein, dass es eigener Anstrengungen bedurfte, um es durch genaues Schauen entziffern zu können. Deshalb lautete die zweite Mahnung in Delphi: »Erkenne dich selbst!« Dies war gewiss nicht als Aufforderung gemeint, die Welt so zu deuten, als müsste sie den eigenen Wünschen gehorchen, sondern, im Gegenteil, durch den Prozess der Selbsterkenntnis zur Einsicht zu gelangen, dass bestimmte Grenzen nicht überschritten werden sollten. Heute hilft uns kein Orakel mehr, aber die Fragestellung bleibt die gleiche, auch wenn wir natürliche Ordnung jetzt lieber ökologisches Gleichgewicht nennen, das zu erkennen ebenfalls genaues Hinschauen verlangt, also Sinn und Verstand oder, altmodisch formuliert, Herzensbildung: Was bewahrt uns vor Maßlosigkeit, wie kann es gelingen, die Tugend der Mäßigung so einzuüben, dass sie nicht bloß als freudloser Verzicht erlebt wird und so, wie eine Diät, regelmäßig an Willensschwäche scheitert? Was liegt jenseits der Welt der Zahlen, was lässt sich nicht quantifizieren und gehört doch wesentlich zur menschlichen Existenz?

Descartes war es auch, der eine scharfe Trennlinie zwischen Mensch und Natur gezogen hat, die bis heute verhängnisvoll nachwirkt. Tiere betrachtete er als gefühllose Automaten, die nur mechanischen Gesetzmäßigkeiten folgen, eben ein Rädchen im großen Uhrwerk, wie er es sich vorgestellt hat. Übrigens liegt hier eine geistige Wurzel, deren Langzeitwirkung man bis heute in der industriellen Massentierhaltung besichtigen kann. Dort werden ja Tiere wie Gegenstände behandelt, ihre Empfindungsfähigkeit weitgehend ignoriert. Als ob sie nicht nur ein wenig, sondern ganz anders wären als wir und deshalb alles erlaubt wäre. Menschen dagegen verfügten für Descartes nicht nur über einen schwachen Körper, sondern auch und vor allem über einen starken Geist, über die Fähigkeit zur Vernunft. Vielleicht hätte sein Leitsatz auch lauten können: Wenn ich denke, gelingt es mir als Mensch, mich aus der Welt des Lebendigen zumindest vorübergehend zu entfernen, die Gesetzmäßigkeiten der Natur außer Kraft zu setzen. Wo er auch hinschaute, fand Descartes überall Dualismen: Geist und Körper, Leib und Seele, Mensch und Tier, Subjekt und Objekt. Auch hier wieder die Logik der Trennung, Zergliederung, Kategorisierung. Auf diese Weise definierte sich der neuzeitliche Mensch heraus aus der Natur, sie wurde ihm zu etwas Äußerlichem, zum puren Gegenstand der Umgestaltung. Seine späte Pointe findet dieses dualistische Denken heutzutage übrigens in den Fantasien von Trans- und Posthumanisten, die davon träumen, eines Tages Menschen dadurch unsterblich machen zu können, dass man ihre Persönlichkeit auf einer wie auch immer gearteten digitalen Plattform speichert. Eine säkulare Variante der religiösen Trennung von Leib und Seele. Endlich hätten wir ein ewiges Leben, wäre der Tod besiegt, das unsterbliche Ich wandert, wenn es an der Zeit ist, aus seinem hinfälligen Körper hinein ins Reich des Virtuellen, womit die Gattung Mensch den Zwängen der Natur und der Leiblichkeit endgültig enthoben wäre. Man mag solche Techno-Utopien für pure Spinnerei halten und sich fragen, was eine bloß digital verewigte Seele noch Schönes erleben kann, das sich für uns lohnen würde. Aber diese Visionen stammen nicht aus intellektuellen Debattierzirkeln ohne Einfluss, sondern aus einem industriellen Macht-Komplex. Im *Silicon Valley* werden zugunsten des Projekts Unsterblichkeit riesige Forschungsgelder mobilisiert. Folgt man dieser kalifornischen Ideologie, dann stehen wir erst am Anfang, was die Herauslösung des Menschen aus der Natur betrifft.

DAS RÄTSELHAFTE MENSCHENTIER

Wenn man aber überzeugt davon ist, dass Natur immer nur da draußen zu finden ist, außerhalb meines Ichs, dann hieße das nicht nur, dass wir als Fremdlinge in dieser Welt unterwegs sind, die eigentlich nicht dazugehören. Dann gerät zudem die eigene, innere Wildnis aus dem Blick, das, was uns Menschen eben auch eigen ist, ein sehr besonderes Tier unter Tieren zu sein. Eng verwandt mit Affe und Schwein und doch ganz anders. Zur Vernunft begabt und dennoch regelmäßig unvernünftig. Aus krummem Holze gemacht, wie Immanuel Kant es ausgedrückt hat, also stets gefährdet, so wie Kain im Alten Testament, zum Mörder des eigenen Bruders zu werden. In unserer leiblichen Existenz verletzlich wie alle Lebewesen. Wetterfühlig trotz dicker Jacke. Zudem mit der Sehnsucht ausgestattet, Trennungen hin und wieder auch zu überwinden und Erfahrungen der Verschmelzung zu machen, in Liebe und Freundschaft oder auch in Rausch und Ekstase, also vollkommen unvernünftigen Zuständen. Das einzige Tier, das nicht nur Tier ist, sonst besäßen wir ja keine Freiheit und müssten uns nicht immer wieder neu entscheiden, wie wir leben wollen. Das einzige Tier, das schon lange damit beschäftigt ist, sich selbst zu ergründen und vollends verstehen zu wollen, dabei aber stets aufs Neue zu scheitern und sich selbst daher auf Dauer ein Rätsel zu bleiben. Jedenfalls zum Teil, eben weil es diese innere Wildnis gibt, die uns nicht vollständig zugänglich ist. Deshalb wissen wir manchmal nicht, was wir tun, und schütteln hinterher über uns selbst den Kopf. Und dennoch werden wir niemals aufhören, genau dies ergründen zu wollen, nach uns selbst zu fragen und dabei weiterhin widersprüchliche Antworten zu produzieren, eben weil wir selbst widersprüchlich und auf keinen kleinen Nenner zu bringen sind. Also nicht im Grunde gut oder im Grunde schlecht. Wir sind kein offenes Buch und auch kein Automat, auch wenn manche Biowissenschaftler wohl davon ausgehen, dass man uns vollständig auslesen könnte, wenn erst alle Gene, Neuronen und hormonellen Zustände identifiziert sind. Hätten sie recht, hieße menschliche Existenz nur, ein evolutionäres Programm abzuspulen, dann müssten wir über menschliche Freiheit nicht mehr sprechen und könnten auch aufhören, Romane zu lesen, in denen wir ja erfahren, dass unser Leben so oder auch ganz anders gelebt werden kann. Und trotzdem stimmt es, dass wir in unserem Verhalten bis zu einem gewissen Grad vorhersehbar und leider auch manipulierbar sind. Zum Glück aber nicht vollständig, weil »der Ausgang des Menschen aus seiner selbst verschuldeten Unmündigkeit«, wie Kant das Projekt Aufklärung definiert hat, doch weiterhin geöffnet bleibt und wir anscheinend immer wieder neu durch diesen Ausgang gehen müssen. Obwohl man manchmal daran zweifeln kann, dass es dieses Tor noch gibt, weil so viel menschliche Dummheit in der Welt ist. Auch könnte dieses Tor sich schließen, weil wir das Denken und Entscheiden mehr und mehr an eine zweifelhafte, nämlich Künstliche Intelligenz delegieren werden. Schon wenn wir Abhängigkeiten besser verstehen, sind wir potenziell ein Stück freier. Leider aber nicht gänzlich. Wir sind das einzige Tier mit dieser merkwürdigen Doppelexistenz: drinnen und draußen zugleich zu sein. Dazuzugehören und ganz anders zu sein. Teil der Natur und doch außerhalb von ihr. Ein seltsames Wesen irgendwo zwischen Tier und Engel. Bestimmt von elementaren Bedürfnissen, Essen, Verdauen, Schlafen, Sex, zugleich aber erfüllt von einer Sehnsucht nach Transzendenz. Wir suchen nach dem, was uns übersteigt, was größer ist als wir selbst. Und finden es mitunter in der Kunst, im Gedicht, in der Musik, auf Berggipfeln, an einsamen Stränden oder in der Religion. Oder wir suchen nach dem, was noch nicht ist, entwickeln einen »Möglichkeitssinn« (schönes Wort von Robert Musil aus dem Roman »Mann ohne Eigenschaften«) für das, was auch anders laufen könnte. Wir können uns im einen Moment für so unbedeutend halten wie ein Staubkorn und im nächsten dennoch die Erfahrung machen, dass wir sehr besonders sind, es auf uns ankommt und unsere Lebensgeschichte das Interesse anderer verdient. Mal fühlen wir uns frei, und es gelingt uns, Fesseln abzustreifen und neue Anfänge zu machen, ein anderes Mal fühlen wir uns gänzlich unfrei, weil ein simpler Schmerz den ganzen Körper versklaven und jeden freien Gedanken zunichtemachen kann.

Die Idee der Neuzeit war aber eine andere: die Natur in uns abzuschütteln und die Natur da draußen unterwerfen zu wollen. Das eine war mit dem anderen von vornherein verknüpft. Dieses Projekt des mechanistischen Denkens entpuppt sich jetzt erst mit ganzer Wucht als gescheiterte Illusion. Wir lernen mühsam, dass wir doch ein wenig kleiner sind als gedacht, zudem sehr unbegabt in der Rolle des weisen Herrschers über die Natur. Wir hätten Gärtner sein können und wurden vielerorts zum Zerstörer. Zurück bleibt obendrein als jüngste Erfahrung eine Kränkung, ein Kontrollverlust, der uns vermutlich noch lange in den Knochen stecken wird: Während die ersten, schwerreichen Weltraumtouristen bereits die Koffer packten und sich viele weitere Projekte um den Menschen als *Master of the Universe* drehten, der die Spielregeln stets diktiert und nach Belieben verändert, reichte ausgerechnet das Allerkleinste, ein neuartiges Virus, schon aus, um Allmacht in Ohnmacht zu verwandeln. Auch dies ironischerweise ein winziges Stück Natur aus der Welt des Lebendigen. Viele gerieten durch Corona so sehr in Angst und Schrecken, dass ihnen Freiheit plötzlich gar nicht mehr wichtig schien. Sie wünschten sich geradezu inbrünstig, endlich Kontrolle zurückzugewinnen, und waren sogar bereit, weil Sicherheit zum obersten Wert ausgerufen wurde, Sterbende allein zu lassen. So schnell können Aufgeklärte wieder zu Barbaren werden. Über dem einen Problem übersahen sie lange Zeit alle anderen. Leider war es ein Krieg, der diese Fixierung erst spät aufgelöst und die Proportionen wieder zurechtgerückt hat. Zuvor hatte ein von Panik getriebener öffentlicher Diskurs aus einem mittleren Risiko ein riesiges Monster gemacht. Schien es bis zur Pandemie darum zu gehen, sich möglichst viel Welt einzuverleiben, sollte es nun möglichst wenig Welt sein. Unfreiwillig zurückgestoßen in die Selbstgenügsamkeit der Kontaktverbote. Ich denke, also bin ich? Der Intellekt als unerschütterliches Fundament, auf dem sich eine ganze Welt errichten lässt? Wohl eher: Ich ängstige mich, also bin ich – lieber allein. Und nun, da es überstanden ist, tun sich viele sehr schwer damit, aus ihrem Kokon wieder herauszufinden. Denn das hieße ja, im Nächsten nicht zuallererst ein potenzielles Risiko zu sehen. Wie schnell man menschliches Miteinander auf der Basis von Vertrauen verlernen kann!

Der philosophische Begriff für diese Erfahrung der Kränkung lautet Unverfügbarkeit. Plötzlich wurde besonders sichtbar, was wir nicht selbst in der Hand haben. Was mit uns geschieht, ohne dass wir auf dem Regiestuhl sitzen. Und damit hieß es klarzukommen, einen Verlust an Autonomie möglichst klaglos hinzunehmen. Dabei galt doch noch kurz zuvor als Ideal, über alles selbst verfügen zu können, was ein gelungenes Leben ausmacht. Mit Strategien der Selbstoptimierung ständig an der eigenen Effizienz, Attraktivität und positiven Ausstrahlung zu arbeiten. Auf dass die Fleißigen belohnt würden durch Erfolg, der für andere sichtbar ist. Jede Minute Lebensglück entweder selbst verdient oder aus eigener Schuld versäumt, weil das Ich ja alles aus sich selbst schöpfen können soll. Dieses Selbstverständnis wurde in der Zeit der Pandemie nicht nur irritiert, sondern regelrecht beleidigt. Vielleicht ist dies die eigentliche Lehre aus Corona: Wir haben Anlass, uns in ein anderes Verhältnis zu dem zu setzen, was sich planerischer Gestaltung entzieht. Was wir am liebsten gar nicht anschauen möchten: die eigene Verletzlichkeit und Endlichkeit, das Angewiesensein auf die Zuwendung anderer. Ein

Bewusstsein zu entwickeln für die lähmende Kraft der Angst, die zur menschlichen Existenz von Beginn an gehört, uns aber nicht, so wie zuletzt, auffressen darf. Am liebsten würden wir wohl alle Tragiken aus unserem Leben verbannen, sonst wäre auf dem Höhepunkt der Angst nicht jeder Todesfall als Skandal gebrandmarkt worden. »Bleiben Sie gesund«, hieß der neue Imperativ, der auf jedem Bahnsteig fast wie eine Drohung pausenlos zu hören war. Wer daran scheiterte, hatte die Erwartung zu erfüllen, sich selbst zu isolieren, durfte von allen anderen aus scheinbar gutem Grund verlassen werden. Vielleicht wäre ein Memento mori aus dem Lautsprecher angemessener gewesen: Bedenke, dass du sterblich bist! Stelle dich der Realität, dass dein Leben immer gefährdet ist und Sicherheit nie dauerhaft zu haben. Sinnvoll und verständlich, dass du dich schützen möchtest, aber auch beim Schutz gibt es ein Zuviel. Vergiss also vor lauter Angst nicht weiterzuleben! Montaigne jedenfalls hätte sich über dieses Verhalten gewundert. Von ihm könnten wir heute, wie wir noch sehen werden, wieder lernen, einen Umgang damit zu finden, was wir nicht selbst in der Hand haben. Wie schön, dass es zur menschlichen Freiheit gehört, dass wir, wenn schon die äußeren Umstände dem eigenen Willen nicht gehorchen, zumindest die innere Haltung dazu verändern können. Das wussten schon die antiken Stoiker.

»Über das eine gebieten wir«, heißt es bei Epiktet, »über das andere nicht.« Wir heute aber kommen aus einem über lange Zeit ungebrochenen Machbarkeitswahn und müssen den nun unter Schmerzen verabschieden. Auch auf diesem Feld geht etwas zu Ende, das lehrt der Blick zurück, wenn die Eule jetzt ihren Flug in der Dämmerung beginnt. Auch wenn wir noch nicht wissen, was danach kommt. Wenn dieses Weltverhältnis des neuzeitlichen Menschen, der meinte, über alles verfügen zu können, und nun dazu neigt, aus Gekränktheit in Pessimismus zu versinken, weil dies nicht gelang, erst überwunden sein wird. Freilich müssten wir dafür einen Mittelweg zwischen Allmacht und Ohnmacht finden, ein menschliches Maß, das nicht zu groß und nicht zu klein sein darf.

EIN NEUES ERDZEITALTER?

Vermutlich hat Descartes nicht ahnen können, wie weit die Menschheit diese Umgestaltung der Welt auf der Basis von Trennung, Vermessung und Neuschöpfung treiben würde. Heute gibt es auf diesem Planeten keinen Flecken mehr, wo keine Spuren von menschlichem Handeln zu finden wären. Vieles davon ist von überwältigender Schönheit und Beleg für menschliche Kreativität, vieles andere ist buchstäblich Müll und in seiner mitunter Jahrtausende andauernden Wirkung erschreckend, weil zum Projekt Umgestaltung eben auch Zerstörung und Auslöschung gehören. Überall findet sich unser Fußabdruck, selbst dort, wo es menschenleer und vollkommen unwirtlich ist. Heute stehen wir ratlos davor, wie wir jemals den Problemberg abtragen sollen, der sich in erstaunlich kurzer Zeit durch menschliches Handeln aufgetürmt hat. Zweihundert Jahre Industriegeschichte auf der Basis von Verbrennung fossiler Rohstoffe haben gereicht, um zahllose Gestaltungsformen des Lebens rund um den Globus an den Rand des Kollaps zu bringen, wenn er nicht längst geschehen ist. Die Klimakrise mit ihren künftig drohenden Verwerfungen, von denen wir heute vermutlich noch keine wirkliche Vorstellung haben, weil alle Zukunftsszenarien jenseits bestimmter Kipppunkte abstrakt wirken, bekommt noch vergleichsweise viel öffentliche Aufmerksamkeit. Dieses Thema werden wir wohl zu Lebzeiten nicht mehr los, auch nicht das Risiko, von unseren Nachgeborenen verflucht zu werden. Aber die tägliche Auslöschung von Arten, von denen viele niemals einen Namen bekommen haben, weil den Wissenschaftlern die Zeit bis zu ihrem endgültigen Verschwinden davongerannt ist, lässt sich bislang müheloser verdrängen. Ja, wir rechnen mit allem, auch damit, dass in diesem Augenblick etwa 32.000 Arten unmittelbar vor dem Aussterben stehen. Drei von vier Naturräumen auf diesem Planeten gelten als aus dem Gleichgewicht geraten oder längst zerstört. Was lange Zeit weitgehend unbemerkt lief, bekommt nun auch vor unserer Haustür eine drastische Sichtbarkeit, durch verwüstete Waldflächen und verdorrte Felder, die uns in der Seele treffen. Jedenfalls dann, wenn wir noch Augen dafür haben und nicht nur für die technisch geschaffene, künstliche Welt. Zu Anfang des 21. Jahrhunderts haben Wissenschaftler damit begonnen, den Begriff des Anthropozäns, das Zeitalter des Menschen, in Umlauf zu bringen, der inzwischen auch über Fachkreise hinaus aufgegriffen wird, um unsere Situation zu beschreiben. Er soll ein Bewusstsein dafür schaffen, dass wir in gewaltigen Zeiträumen zu denken lernen müssen, um die Tiefendimension menschlichen Handelns einordnen zu können. Wer dieser Spur folgt, begreift sich als Zeuge eines anbrechenden neuen Erdzeitalters. Der Mensch wird wie ein geologischer Faktor betrachtet, der durch sein Projekt der Umgestaltung die Bedingungen auf diesem Planeten grundlegend verändert und damit eine erdgeschichtliche Langstrecke von immerhin zwölftausend Jahren beendet, das sogenannte Holozän, das überhaupt erst die Bedingungen für menschliche Zivilisation geschaffen hat. Allerdings geraten wir, wenn wir dieser Idee des Anthropozäns folgen wollen, sofort in einen neuen Widerspruch. Denn wenn es stimmt, dass die Gattung Mensch mit ihrer gewaltigen Kraft zur Umgestaltung als so mächtig beschrieben werden muss wie in früheren Zeiten unserer Kulturgeschichte nur Götter oder eben Wetter und Weltklima mitsamt all den unberechenbaren Katastrophen, sitzen wir als Gattung plötzlich doch wieder auf dem Thron des Herrschers über die Natur. Dann liegt der Gedanke nahe, auf die starken Eingriffe in die geophysischen Bedingungen der Erde von gestern künftig ebenso starke Eingriffe zur Reparatur der Erde folgen zu lassen. Es bliebe dabei, dass wir aus dem, was wir Natur nennen, die Welt des Lebendigen, weiterhin hinausdefiniert wären, wie ein Regisseur, der von außen das Geschehen beobachtet und eingreift. Zudem wäre es die Erprobung eines Umkehrschlusses: Wenn es anthropogene Maßnahmen waren, die das Klima aus der Balance brachten, warum sollten dann andere anthropogene Eingriffe die alte Ordnung nicht wiederherstellen können, zudem möglichst verbunden mit dem unschätzbaren Vorteil, an gewohnten Lebensstilen festhalten zu können? Der Zerstörer soll nun die Rolle des Retters übernehmen und läuft dabei Gefahr, erneut zu Methoden zu greifen, deren Langzeitwirkung in der Gegenwart noch nicht gesehen werden. Der Doktor Faustus des 21. Jahrhunderts lebt mit der Versuchung, sich nun mit den Mitteln des sogenannten *Geo-Engineering* ein weiteres Mal zum Gott zu erheben, der Wind und Wetter macht. Diesmal allerdings gewollt und nach Plan, nachdem es beim ersten Mal schiefgelaufen war. Es gilt längst nicht mehr als Science-Fiction, dass im Weltall riesige Spiegel installiert werden könnten, dass Ozeane gedüngt und Niederschläge künstlich herbeigeführt oder verhindert werden. Je größer die Krise, desto größer dürfte auch die Neigung werden, darauf abermals mit großem Denken zu reagieren. Oder ginge es doch eine Nummer kleiner?

Vielleicht ist ja auch diese Problemskizze übertrieben groß geraten und die Wahrnehmung des Krisenhaften zu übermächtig. Ein Irrtum wäre hochwillkommen! Diese Erfahrung ist uns ja auch vertraut, dass im Rückspiegel betrachtet manches einst riesenhaft Erscheinende allein schon durch verstreichende Zeit auf Normalmaß zurückgestutzt wird. Tatsächlich navigieren wir ja auch meist durch unseren ganz banalen Alltag hindurch, als wäre nichts, leben von Routinen, und das kann durchaus klug sein. Während anderswo die Kanonen donnern, stellen wir uns den Herausforderungen der Mülltrennung. Für jede einzelne solcher Minuten, die wir mit gewohnten Banalitäten verbringen dürfen, könnten wir dankbar sein. Sogar dafür, dass es gelingt, die fernen Kanonen immer wieder zu überhören, damit der Nachtschlaf nicht gefährdet ist. Und doch wollen wir keine Ignoranten sein, die ihr Heil nur in einer ganz eng gezogenen Welt rund um die eigene Haustür suchen, in einer Scheinidylle. Deshalb wäre es auch fatal, wenn wir den falschen Anspruch entwickeln würden, von allen Zumutungen künftig verschont zu werden. Dieser Wunsch wäre infantil und eine Lizenz für den Staat, uns wie Kinder zu behandeln, denen man einen Lutscher kauft, damit sie endlich still sind. Bislang ist noch alles, was materiell schmerzen könnte, mit riesigen Summen abgepuffert und in die Zukunft verschoben worden, zulasten nachfolgender Generationen. Das wird nicht allzu lange funktionieren, und es füttert die Illusion, wir könnten unser bisheriges Leben einfach in die Zukunft verlängern. Als gäbe es ein Recht auf sogenannte Normalität, ein Recht darauf, tatsächlich so zu leben wie die letzten Menschen. Dazu ein kleines Gedankenexperiment im Anschluss an den amerikanischen Philosophen Thomas Nagel: Schauen Sie von einer Brücke auf eine mehrspurige Autobahn, und besichtigen Sie von oben den täglichen Stau. Stellen Sie sich vor, ein Außerirdischer zu sein, der sich gerade fragt, was diese Erdenbürger im Stau da tun und für normal halten. Ob sie ihr eigenes Leben für glücklich und sinnvoll halten? Sie könnten sich auch als Beobachter zum Ferienbeginn in die vollkommen überfüllte

Abfertigungshalle eines Flughafens begeben, in die Gesichter von genervten Menschen schauen und die gleichen Fragen stellen. Oder von einem Kirchturm auf städtische Straßen blicken, in denen jeder Quadratmeter von parkenden Autos beansprucht wird. Warum steht dort nur Blech herum, das gelegentlich bewegt wird? Warum eilen hier Passanten nur, anstatt zu verweilen? Warum halten Erdenbürger es für normal, dass auf diese Weise ein schöner öffentlicher Ort zu einem hässlichen, unwirtlichen Ort wird? Der französische Anthropologe Marc Augé hat solche sinnentleerten Räume ohne jede Ästhetik, die auf eine reine Funktionalität reduziert sind, »Nicht-Orte« genannt, und unsere Städte sind voll davon.

Sich selbst für einen Moment als Fremdling zu betrachten, hilft, gewohnte Routinen infrage zu stellen und das eigene Lebenskonzept auf Widersprüche zu überprüfen. Dann kann das sogenannte Normale plötzlich vollkommen verrückt aussehen, oder besser: *ver-rückt*. Durch einen Perspektivwechsel mal von einer ganz anderen Seite betrachtet. Man kann sich gewiss eine geraume Zeit lang in dem mentalen Zustand einrichten, der charakteristisch für den momentanen Zeitgeist ist, aber für permanente innere Spannungen sorgt. Psychologen nennen ihn kognitive Dissonanz, nämlich einerseits längst verstanden zu haben und wohl auch zu fühlen, dass gewohnte Lebensstile auf

Dauer nicht mehr tragbar sind, weil wir inzwischen sehr genau Bescheid wissen und uns schon lange nicht mehr auf Nichtwissen zurückziehen können, andererseits aber immer wieder gegen dieses eigene Wissen, gegen eigene Überzeugungen und auch entgegen eigenen Emotionen handeln. Die Geschichte der Psychoanalyse hat mit der Entdeckung dieses Widerstreits zwischen Vernunft und Begierde begonnen. Ihn zuzudecken gelingt mithilfe virtuoser Formen von Selbstrechtfertigung und sorgt doch oft hinterher für ein schales Gefühl. Wir biegen uns die Welt zurecht, bis sie in unseren Augen so aussieht, als ob sie primär dafür da wäre, unsere Wünsche zu erfüllen. Und dennoch will dieses Gefühl einfach nicht weichen, dass normal nicht mehr normal ist, dass wir nun schon etwas länger in verrückten Zeiten leben.

ZWEI SCHRITTE VOR, EIN SCHRITT ZURÜCK?

Noch einmal: Was geschieht gerade? Im Schlechten jedenfalls zu viel von dem, womit wir entweder nie gerechnet hätten oder nicht mehr, weil etwas längst überwunden schien. Zum Beispiel die Sehnsucht nach dem Autoritären oder ein Krieg in Europa als Teil von geopolitischer Strategie. Wir dachten, wir seien schon weiter, wenn nicht gar, wie vorher beschrieben, am glücklichen Ende der Geschichte angelangt. Die Welt abgesehen von ein paar unverbesserlichen Peripherien immer friedlicher, das Rohe und Gewalttätige ein für alle Mal gebannt. Dieser Traum ist geplatzt. Wir reiben uns die Augen über die Rückkehr menschlicher Destruktivität, verstehen es aber nicht wirklich von innen heraus, warum Menschen mitunter sogar gern Uniform tragen und das Töten als ihr Geschäft betreiben, warum sie wieder Helden sein wollen, im Hinterkopf noch als Erinnerung aus dem Deutschunterricht die Zeile von Bert Brecht: »Glücklich das Land, das keine Helden braucht.« Wir dachten auch, immer besser zu werden in der Herrschaft über die Natur, immer mehr Früchte ernten zu können. Aber wie gesagt: Krise heißt Ent- und Unterscheidung. Wenn die Welt da draußen verrücktspielt, haben wir, weil die Flucht in Routinen allein doch nicht trägt, die Gelegenheit, aktiv etwas zu *ver-rücken,* also in eine andere gedankliche Ordnung zu bringen, anstatt bloß auf etwas zu starren, was unverrückbar scheint. Um es versuchsweise auf eine Formel zu bringen, was wir gerade dabei sind zu verabschieden, falls die Vermutung stimmt, dass ein sehr langer historischer Bogen zu Ende geht, und das wäre alles andere als eine Kleinigkeit: Es ist die tragende Idee der Neuzeit, dass der

Pfeil der Geschichte trotz kleinerer Zickzackbewegungen grundsätzlich nach oben zeigt, dass es den einen Fortschritt im Singular gibt als allgemeines Bewegungsgesetz, als Summe stetiger Verbesserung in allen Lebensbereichen. Kleinere historische Betriebsunfälle und Rückschläge waren seit der Aufklärung immer mit eingepreist, nach dem Prinzip zwei Schritte vor, einer zurück. Aber im Grunde galt das Vertrauen darauf, dass es so etwas wie einen Hauptstrom in der Geschichte gibt, der die Menschheit in einer guten Weise nach vorne trägt. Alles in allem alles immer besser, hätte die passende Formel lauten können. Das war der grundoptimistische Bauplan der Neuzeit, eine beflügelnde Zuversicht, die geholfen hat, viele einzelne Fortschritte hervorzubringen. Diese Gewissheit, teilzuhaben an einer Bewegung nach oben, vom künftigen Leben mehr zu erwarten als vom gegenwärtigen, auch für die eigenen Kinder berechtigterweise mehr zu erhoffen als für sich selbst, ist uns gründlich abhandengekommen, eine positive Erzählung, die lange getragen hat, nunmehr verstummt, und es fehlt derzeit noch an einer Idee, ob eine neue Etappe der Aufklärung, die nun an der Zeit ist, auch ohne diese Logik des Immer-besser, Immer-mehr, Immer-schneller auskommen kann. Denn das wäre der Stoff für eine neue Aufklärung: nach Wegen zu suchen, wie sich Freiheit und Selbstbeschränkung miteinander vereinbaren lassen. Am prägnantesten hat das bislang vorherrschende Denkmodell seinerzeit der Philosoph Hegel ausgedrückt: »Die Weltgeschichte ist der Fortschritt im Bewusstsein der Freiheit.« Das bis heute Faszinierende an diesem Satz ist nicht nur dieser anscheinend unbeirrbare Optimismus, der uns heute so sehr fehlt, dass er fast fremd wirkt, hoffentlich nur auf Zeit. Hegel hatte uns auch voraus, einen Sinn in der Geschichte erkennen zu können. Wir heute müssten uns, weil ja ständig von irgendwelchen Fortschritten auf lauter Teilgebieten die Rede ist, erst einmal darauf verständigen, was sich wie und in welche Richtung entwickeln soll. Meinen wir neue Verkehrsmittel oder neue Geschlechterverhältnisse, neue Marketingstrategien oder eine andere Verteilung des Reichtums, noch raffiniertere Methoden der Steuerung menschlichen Handelns durch digitale Technik, neue Beteiligungsformen in der Demokratie? Was Fortschritt ist, darüber wäre lange zu streiten. Hegel aber hat als Antwort auf die Frage nach dem Wozu des Ganzen, worauf historische Entwicklung zielt, einen einzigen Zweck angegeben. Es geht darum, menschliche Freiheitsspielräume stetig zu vergrößern. Gelingt dies, schreiten wir voran, gelingt dies nicht, verfehlen wir den Zweck der Geschichte. Denn sich Schritt für Schritt immer weiter in Richtung des Reichs der Freiheit zu bewegen, hielt Hegel schlicht für eine Notwendigkeit. Eine Notwendigkeit allerdings, von der er überzeugt war, dass sie sich nach und nach tatsächlich auch erfüllen werde. Aber wer glaubt heute noch daran, und wie frei sind wir heute wirklich? Könnten wir neidisch auf Hegels philosophischen Optimismus sein, weil wir selbst derzeit so verdrießlich sind?

Vielleicht eine subjektive Beobachtung dazu: In den vergangenen zehn Jahren habe ich vielerorts mit Schulklassen über philosophische Fragen diskutiert. Dabei habe ich von den Jüngeren regelmäßig wissen wollen, welches Leben sie für freier halten, ihr eigenes, so wie sie es jetzt führen können, oder das ihrer Eltern in ihrem Alter. Die Antwort fiel fast immer gleich aus: Die Jugendlichen waren überzeugt davon, dass ihr Leben heute von härteren Zwängen bestimmt sei als das der Generation zuvor. Ständig war von »Druck« die Rede. Es gebe einen Druck, gute Noten abzuliefern, schnelle Abschlüsse zu kreieren, möglichst früh die Weichen für die eigene Zukunft zu stellen, sich also zeitig festzulegen, um jegliche Umwege zu vermeiden. Gelernt werde ehrlicherweise nur, was bepunktet wird, für eigene Bildungsinteressen fehle die Zeit. Interessanterweise geriet dabei häufig eine bestimmte Spielart von Freiheit selbst unter Verdacht, neue Zwänge zu produzieren. Die Jugendlichen fühlten sich als Opfer eines Zuviel, überfordert von den zahllosen Wahlmöglichkeiten, denen sie sich in ihrem Leben stellen müssen. Erlebt wird diese Multi-Optionalität offenbar als Last, die einsam getragen werden muss. Niemand anderes als man selbst kann verantwortlich für eine falsche Wahl gemacht werden, und das lähmt oder führt zu dem Wunsch, in bestimmten Entscheidungssituationen an die führende Hand genommen zu werden, die oft vermisst wird. Eine Sehnsucht nach ein bisschen weniger Freiheit, eine Regression? Jedenfalls blieb es stets mysteriös, wer es denn sei, der den Druck ausübt. Bei der ersten Nachfrage hieß es meist »die Gesellschaft«, bei der zweiten »eigentlich man selbst«. Niemand anderes, auch dies habe ich häufig gehört, kann einen außerdem aus dem permanenten Zwang erlösen, in den sozialen Netzwerken ein möglichst attraktives Bild vom eigenen Ich zu produzieren. Ständig sollen die anderen vorgeführt bekommen, wie gut es einem vermeintlich geht, obwohl das häufig nur Fassade ist. Das Unattraktive und Unperfekte muss genauso zum Verschwinden gebracht werden wie die traurige Stimmung. Die wenigsten fühlen sich wohl auf diesem digitalen Karussell, aber alle fahren mit. Ein Beispiel dafür, dass sich die Logik des Marktes und der Konkurrenz auch in Lebensbereichen breitgemacht hat, in die sie gar nicht hineingehört.

EXISTENZIALISTISCH DENKEN LERNEN

Es taucht hier wieder das bereits beschriebene Problem auf, dass wir Anlass haben, über die Grenzen der Verfügbarkeit nachzudenken. Wie es gelingen kann, gnädiger auf uns selbst zu blicken, auf das, was nicht frei gewählt, nicht perfekt, nicht makellos schön und auch nicht optimierbar ist. Denn frei zu sein, kann ja nicht heißen, möglichst unverletzlich zu sein und sich dadurch zu verpanzern, dass man immer nur den Schein von äußerem Glanz präsentiert. Der Blick der anderen kann, wie es der Existenzialist Jean-Paul Sartre ausgedrückt hat, »die Hölle« sein, erst recht, wenn er sich auf das richtet, was an mir vermeintlich unattraktiv ist. Er legt mich fest und stößt mich in die Unfreiheit. Ihm zu widerstehen, ist schwer. Aber wenn ich es nicht tue, werde ich zum Objekt oder erfülle bloß eine Rolle, die andere mir zugewiesen haben. Sartre hat es genau beschrieben und als Weg in die Freiheit aufgezeigt, dass die Aufgabe darin besteht, diese Fixierung auf ein bestimmtes Bild zu unterlaufen. Sonst sind es die Urteile und Erwartungen von anderen, nach denen ich mein Leben ausrichte, und schon wird es ein

Leben von der Stange. Die anderen sind es auch, die dazu neigen, mich auf bestimmte Identitäten festzulegen. Sie formulieren Gruppenzugehörigkeiten und meinen, aus Geschlecht, Hautfarbe, Alter, sozialer Klasse, sexueller oder religiöser Orientierung die individuelle Persönlichkeit und den Charakter ableiten zu können. Versuche ich solchen Bildern zu entsprechen, gebe ich die Freiheit auf und mache mich selbst zum Opfer. Das wäre der bequeme und auch unwahrhaftige Weg, weil darin Selbstverleugnung steckt. Sartre fand ihn feige und hätte sich jedenfalls über unsere heutigen ausufernden Debatten um Identität gewundert, über die verbreitete Neigung, sich selbst auf starre Gruppenidentitäten festzulegen, um der Frage, wer ich bin und künftig sein möchte, ausweichen zu können. Letztlich ist das der Versuch, sich selbst einfacher zu denken, als man ist, und sich die anderen einfacher zu denken, als sie sind. Sartres mögliche Antwort hätte so lauten können: Die anderen mögen in dir die junge, schwarze Frau oder den alten, weißen Mann sehen. Diese anderen sind immer noch die Hölle. Willst du dich tatsächlich in ein solches Bild hineinzwingen lassen oder dein Leben selbst entwerfen? Verstehe, dass du nicht eine Identität hast, ein für alle Mal, sondern hundert mögliche, vielleicht morgen schon eine neue und übermorgen die nächste. Oder mindestens eine neue Facette im

Leben entdecken wirst, sodass du nie ein und dieselbe Person bleibst. Das kann schon deshalb nicht gelingen, weil du unweigerlich in Lebenssituationen geraten wirst, die du dir nicht aussuchen kannst. Das sind die Tatsachen des Lebens, gegen die du zwar rebellieren kannst, aber bezwingen wirst du sie nicht. Denn nicht alles hast du in der Hand. Also setze dich in ein Verhältnis dazu und mache dir das, was dir zustößt, auf eine Weise zu eigen, als ob du es dann doch selbst gewählt hättest. Du wirst dich verändern, indem du dich diesen Situationen stellst und jeweils lernst, dich neu zu deuten. Denn darin besteht deine Freiheit, dich so oder so zu Umständen zu verhalten, die dir gegeben sind. Wenn die anderen in dir das Opfer sehen, ihr Problem. Wenn du dich allerdings selbst so siehst, hast du bereits eine Wahl getroffen, vermutlich, ohne es zu bemerken. Immer wieder wirst du wählen müssen, das hört niemals auf, deshalb bist du geradezu dazu verurteilt, frei zu sein.

Mag sein, dass dieses sehr optimistische Verständnis von individueller Freiheit, das davon ausgeht, sich in jedem Moment des Lebens neu entwerfen zu können, die Spielräume menschlicher Freiheit also sehr weit absteckt, heute fremd wirkt und schon damals überzogen war. Momentan hat man das Gefühl, dass jetzt eher die Zeit ist, Wunden vorzuzeigen, immer neue Diskriminierungen ausfindig zu machen und dadurch sehr schnell und bereitwillig eine Opferrolle anzunehmen. In einem solchen Moment könnte Sartre helfen, den Gegenpol wieder stärker zu machen: die Kraft des Subjekts, die derzeit unterschätzt wird. Im Übrigen hätte Sartre existierende Diskriminierungen niemals geleugnet. Hannah Arendt hätte bei Sartres Impuls vermutlich zustimmend genickt und ergänzt: Wären wir festgekettet an bestimmte Identitäten und Gruppenzugehörigkeiten, dann würden wir einbüßen, worauf wir heute doch so dringend angewiesen sind, unser Lebensprinzip der Geburtlichkeit, die Fähigkeit, sogar in Situationen vermeintlicher Ausweglosigkeit stets neue Anfänge zu machen. Selbst schuld, wer meint, nichts verändern zu können. Vermutlich ist jetzt die Zeit für einen neuen Existenzialismus gekommen, obwohl Sartre, de Beauvoir, Camus und all die anderen, die die Spur gelegt haben, schon seit Längerem so unzeitgemäß erscheinen. Die Radikalität dieses Denkens, das keine Ausreden gelten lässt, könnte uns neu auf den Zusammenhang zwischen Freiheit und persönlicher Verantwortung blicken lassen. Der Weg zur Flucht in den Pessimismus wäre auch verstellt. Existenzialistisch zu denken, hieße, der bequemen Neigung zu widerstehen, sich selbst und andere zum Opfer zu machen. Es könnte helfen, Freiheit anders zu deuten als zuletzt: Nicht mehr als egoistischen Anspruch auf möglichst viel Weltverzehr, wie es uns die Ideologie des Neoliberalismus weismachen will, auch nicht als falsches Verständnis von Autonomie, die das Ich so egozentrisch und selbstbezogen deutet, als ob es ohne Du auskäme und alles, was für ein gelingendes Leben nötig ist, aus sich selbst schöpfen könnte, denn dann mündet der Wunsch nach Autonomie in den Zwängen der Optimierung. Das Freiheitsverständnis des Existenzialismus hat einen Sinn für kluge Unterscheidungen. Er traut dem Subjekt viel zu und entlässt es nicht aus der Verantwortung – sowohl für den Zustand der Welt als auch für die eigene Biografie, er weiß aber auch, dass wir den Tragiken des Lebens nicht ausweichen können und uns darin bewähren müssen. Der Existenzialismus kann sowohl helfen, uns von selbst auferlegten Einengungen zu befreien, als auch das anzuerkennen, und sei es trauernd, was sich als Gegebenheit unserem aktiven Handeln entzieht. Als endliche Wesen leben wir mit einer Frist. Zum Glück wissen wir nicht genauer, wann sie abläuft. Was wir innerhalb dieser Frist erledigen können oder zu erledigen haben, berührt das Verhältnis von Freiheit und Verantwortung, das, wie wir noch sehen werden, jetzt neu sortiert werden muss, damit in dieser Gesellschaft nicht noch mehr ins Rutschen kommt.

Aber zunächst Gerechtigkeit für Descartes! Natürlich wäre es seltsam, ihn zum Urheber unserer heutigen Misere zu erklären. Er hat seinerzeit der Philosophie einen ganz neuen Raum des Denkens erschlossen, indem er dem radikalen Zweifel Vorrang vor den vermeintlichen Sicherheiten des Glaubens einräumte. Mit Unsicherheiten besser leben zu lernen, allein diese Lektion müsste nach den jüngsten Wellen von Angst und Hysterie in der Pandemie für uns dringend auf den Tisch. Vor Descartes dominierte die Vorstellung von einer fest gefügten Ordnung der Welt, in die ein Ich sich nur noch einfügen muss, inklusive aller Machtverhältnisse. Gut, dass er geholfen hat, diese Vorstellung zu verabschieden. Aber auch gute Gedanken können eine Ambivalenz besitzen, die sich erst viel später enthüllt und nicht mehr in der Hand des Ideengebers liegt. Descartes hat ja nicht zur Maßlosigkeit aufgerufen oder Agrarfabriken entworfen, in denen Tiere zum bloßen Objekt degradiert werden. Gleichwohl weisen bestimmte Denkmuster hinsichtlich des Herrschaftsverhältnisses des Menschen über die Natur, die erst nach ihm radikalisiert und vor allem tägliche Praxis wurden, auf ihn und seine Zeitgenossen zurück. Folglich ist die Frage interessant, ob man zu seiner Zeit, also zu Beginn der Epoche, die wir noch immer Neuzeit nennen, weil sie so prägend für unser Denken bis heute ist, auch zu ganz anderen Schlussfolgerungen hätte kommen können. Und schon ist wieder Michel de Montaigne im Spiel. Er ist eine Generation älter als Descartes, und die beiden verbindet, dass sie philosophisch den gleichen Anlauf genommen haben, dann aber an völlig unterschiedlichen Orten gelandet sind. Beide wussten, dass die Katastrophen ihrer Zeit bisherige Gewissheiten so schwer erschüttert hatten, dass ein neuer Anfang nötig wäre, ein Denken, das aus dem radikalen Zweifel kommt, ein Denken ohne Halteseil. Beide begannen ihre Meditationen zudem beim eigenen Ich. Descartes kam dann an einen Punkt, der ihm festen Boden zu bieten schien: Das einzig wirklich Gewisse ist, dass ich denke. Montaigne dagegen war auch das zu heikel, er zweifelte nicht nur allgemein daran, dass Menschen etwas sicher wissen können, sondern traute sich auch selbst nicht über den Weg. Sein Projekt war die möglichst genaue Selbstbeobachtung. Er wollte wissen, wer dieser Mensch ist, den die anderen so selbstverständlich Montaigne nennen, der sich aber beim Blick in den Spiegel fremd vorkommen kann, weil er mitunter seltsame Dinge tut. Seine Wissensskepsis könnte heute dabei hilfreich sein, die Tugend der Selbstdistanz einzuüben, um sich nicht von negativen Emotionen verschlingen zu lassen. Oder sich auch davor zu bewahren, andere ständig via Twitter mit eigenen Überzeugungen zu traktieren, die mit gesichertem Wissen verwechselt werden. Noch nie zuvor gab es einen solchen Überschuss an steilen Meinungen, die ständig öffentlich präsentiert werden und wiederum neue steile Meinungen produzieren. Wir erinnern uns: »Was weiß ich denn?«, war Montaignes Leitfrage, mit der er durchs Leben ging und sich selbst geistig im Zaum hielt. Gar nicht auszudenken, wie schön es wäre, wenn sich diese Tugend durchsetzen würde! Unsere Streitkultur wäre auf einen Streich viel ziviler, wenn mehr Menschen ein Bewusstsein dafür entwickelten, wie sehr ihr eigener, beschränkter Horizont angewiesen ist auf die Perspektive von anderen. Sie würden die anderen vor den eigenen Meinungsaggressionen bewahren und stattdessen lieber eine Neugier kultivieren, die sich darauf richtet, warum andere ganz anders auf die gemeinsame Welt blicken.

Montaignes Skepsis wäre aber auch ein Einspruch gegen die derzeit herrschende Wissenschaftsgläubigkeit, die mitunter Züge einer Ersatzreligion trägt. Denn wenn gerufen wird »follow the science«, was ja zunächst wie eine aufgeklärte Haltung klingt, die sich gegen Ignoranz und Faktenleugnung richtet, schwingt nicht selten die Hoffnung mit, dass sich mithilfe der

Wissenschaft alle existenziellen Fragen beantworten lassen. Längst würden manche in den Krisen unserer Zeit gern die Politik abschaffen und alle Entscheidungen sogenannten Experten überlassen. Aber kluge Wissenschaft weiß, dass selbst dann, wenn sie in ihrem Fachgebiet alle möglichen Probleme lösen könnte, was niemals erreichbar sein wird, die wesentlichen Fragen menschlicher Existenz noch gar nicht berührt sind: Wie will ich leben, wie wollen wir leben? Wenn die Wissenschaft ihre unschätzbar wichtige Expertise vorlegt, dann fängt sowohl für jeden Einzelnen als auch für die Gesellschaft insgesamt das Nachdenken erst an. Die Wissenschaft liefert eine ganze Menge, aber Sinn liefert sie nicht.

Montaignes Vorschlag, wie man mit den Wirren der eigenen Zeit halbwegs klarkommen kann, ist anspruchsvoll und bescheiden zugleich. Er fordert uns auf, und das ist das Anspruchsvolle, den Wunsch nach Klarheit und Sicherheit aufzugeben, um nicht dem Falschen hinterherzujagen. Dauerhaften Halt gibt es für ihn nirgends zu finden, fast das Einzige, was sicher ist, ist die ständige Veränderung aller Dinge und allen Seins. Unserer Vernunft sollten wir lernen zu misstrauen, sie kommt oft nicht hinterher und fällt Urteile auf der Basis von Stimmungen, Leidenschaften und Gewohnheiten. Alles wandelt sich, nur eine Tatsache des Lebens ist felsenfest, kurioserweise wollen wir von der aber zumeist nichts wissen und nichts hören: dass wir nämlich sterben werden. Das Bestechende an Montaignes skeptischer Betrachtung unserer Existenz, die so gut zu unserem derzeitigen Lebensgefühl passen könnte, besteht darin, dass er diese Welt permanenter Veränderlichkeit nicht als kalt und bedrohlich beschreibt, sondern als Reich der Fülle und Lebendigkeit. Wenn wir aufmerksam sind und viel über uns selbst und unsere Bedürfnisse wissen, finden wir alles, was wir für ein gutes Leben benötigen. Ein Leben in Heiterkeit ist möglich, das ist die gute Nachricht, und eine Haltung heiterer Gelassenheit so wichtig, um durch die Stürme des Lebens zu kommen! Selten hatte die Freude am Leben in der Philosophie einen so hohen Stellenwert wie hier. In der Natur ist alles vorhanden, und wir passen als von Leiblichkeit geprägte Wesen, die werden und vergehen, auch gut in sie hinein. Jedenfalls galt das mal vor der großen Zerstörung, und nun wäre es an uns, in diese Haltung des Respekts und der Verbundenheit mit einem alles verknüpfenden System des Lebendigen zurückzufinden, nach der bereits Montaigne gestrebt hat. Wir müssen uns dem, was wir Natur nennen, nicht als vermeintliche Vernunftwesen entgegenstellen oder sie gar unterwerfen wollen, wie es Descartes vorgeschwebt hat. Heute wissen wir, dass es dessen Projekt des Trennens und Zerlegens war, das die Welt mit in Stücke zerrissen hat. Die Abfälle in den Ozeanen gehören als weit verstreute Puzzleteile dazu, und niemand weiß derzeit, wie sich wieder zusammenfügen lässt, was der menschengemachte große Riss dieser Welt zugefügt hat. Der kürzlich verstorbene französische Philosoph Michel Serres schöpfte seine Hoffnung im hohen Alter bis zuletzt daraus, dass das von Descartes begonnene analytische Zeitalter der Dualismen und des Zerschneidens zu seinem Ende kommt und von einem synthetischen Zeitalter abgelöst wird, in dem »die Kunst des Webens, Knüpfens und Verknüpfens, des Verhandelns auch« eingeübt wird. Dies wäre dann kein Zeitalter mehr, in dem das Ich sich seine Welt alleine schafft. Schon das Verhandeln wieder einzuüben, anstatt Meinungen beziehungslos aufeinanderprallen zu lassen, den klugen Kompromiss nicht als faul zu empfinden, sondern als mühsames Handwerk in einer Welt der Pluralität, wäre ein Kunststück. Aber unsere Zeit ist günstig dafür, denn viele Einzelne spüren ja, dass der Weg in die Verhärtung der falsche ist, und suchen nach neuen Anfängen. Serres hat seine Hoffnung so formuliert: »Schluss mit dem Schneiden und Trennen, Morgenröte der Verbindungen – das ist um der Bewahrung der Welt willen unsere Zukunft.«

LEBEN HEISST STERBEN LERNEN

Aber zurück zu Montaigne, der sich vielleicht auch wie ein Weber gefühlt haben mag. Für ein gelingendes Verknüpfen von Ich und Welt dürfen unsere Wünsche seiner Auffassung nach nicht exzentrisch sein, darin liegt das Bescheidene, und wir müssen uns, weil Menschen zu Instabilität und auch Maßlosigkeit neigen, nach Ruhm und Reichtum streben, ohne darin Erfüllung zu finden, beständig selbst ermahnen, die Balance zu wahren. Nämlich einerseits die Freuden des Lebens dankbar anzunehmen, wir sollten sie keinesfalls verschmähen, von Askese hielt er gar nichts, andererseits uns selbst aber davor zu bewahren, sie zur alleinigen Stütze unseres Lebens zu machen. Denn diese Stütze würde nicht halten. In jedem Moment kann alles zerbrechen, kann die Freude sich in Schmerz verwandeln. Montaigne schlägt vor, dass wir darauf jederzeit gefasst sein sollten. Für ihn gibt es die reine, ungetrübte Freude eigentlich gar nicht, oder allenfalls für einen winzigen Moment der Selbstvergessenheit. »Leben«, schreibt er, »das ist mein Handwerk und meine Kunst.« Kein kleiner Anspruch, denn häufig gleiten wir doch gedankenlos und von Routinen getrieben durch unseren Alltag und wundern uns hinterher darüber, mit welchen Nichtigkeiten wir die Zeit haben verstreichen lassen. Nichts versteht sich also im Leben von selbst, alles will gut geübt und immer wieder neu bedacht sein. Die Kunst besteht für Montaigne darin, die eigenen Grenzen zu erkennen und sich nicht gegen die Tatsachen des Lebens zu stemmen, zuallererst die eigene Vergänglichkeit. »Leben heißt Sterben lernen«, hat er seinen bekannten Essay überschrieben, und sooft auch heutzutage von ihm die Rede sein mag, so unzeitgemäß wirkt er dennoch in einem geistigen Klima, das von Verdrängen all dessen, was wir nicht selbst in der Hand haben, was uns verletzlich und hinfällig macht und damit angewiesen auf andere, geprägt ist. Montaigne berichtet davon, dass bei Festen im alten Ägypten auf dem Höhepunkt der kollektiven Ausgelassenheit ein menschliches Gerippe hereingetragen wurde, um die Gäste zu mahnen, was ihnen dereinst bevorsteht. Wozu ein solcher Party-Killer, können wir uns heute fragen, bewährt es sich für uns Menschen nicht eher, Gedanken an die eigene Endlichkeit beiseitezuschieben, weil sie sich wie ein Schatten auf unser Leben legen und uns die Freude rauben? Nach dieser herrschenden Logik der Todesverdrängung ist ja unser hygienischer Alltag organisiert. Im Reich der Fiktion und der unzähligen Krimis wimmelt es von Leichen, da darf es gerne auch ein bisschen ekelhaft aussehen, damit der Puls hochgeht und sich vor dem Zubettgehen noch ein Schauder einstellt, der einen die Schwere des eigenen Körpers spüren lässt. Aber Verstorbene aus dem wirklichen Leben werden zumeist rasch beiseitegeschafft, weil ihr Anblick uns Empfindsame verstören könnte, denn man sieht sich bei solchen Gelegenheiten unerwünschter Konfrontation ja künftig selbst dort liegen. Phasen der Trauer gelten als notwendiges Übel, sie sollten möglichst kurz gehalten werden, damit das Alltagsgeschäft wieder aufgenommen werden kann. Dauern sie zu lang, stehen die Klassifikationen für psychische Verhaltensstörungen bereit. Auch in der Hochleistungsmedizin wird der Tod häufig als unerwünschter Betriebsunfall verstanden, der so eigentlich nicht vorgesehen ist und die ärztliche Kunst beleidigt. Inzwischen sind auch die den früheren Generationen Sicherheit gebenden Rituale rund um den Tod eines Menschen verloren gegangen, sodass nunmehr fast alles prekär geworden ist: Darf man am Bett eines Sterbenden vom Tod sprechen? Sollte man Häuser, in denen getrauert wird, nicht lieber meiden? Was sagt man den Hinterbliebenen am offenen Grab? Die Unsicherheit versiegelt die Lippen, und dann stehen wir wirklich betreten da. Weithin leben wir so, als ob der Tod nicht zum Leben gehören würde, als ob es immer nur die anderen wären, die irgendwann sterben müssten, und wenn es im eigenen Umfeld dann doch geschieht, reagieren wir darauf so erschrocken, als wäre mit dem Tod eines Menschen nie und nimmer zu rechnen gewesen. Der Tod erscheint uns dann, wenn er sich nicht mehr ignorieren lässt und sein Antlitz zeigt, so groß, dass wir ihn niemals werden fassen können, wie ein riesiges, dunkles Geheimnis, das allerdings in Deutschland durchschnittlich etwa zweitausend Mal am Tag enthüllt wird, also nüchtern betrachtet nichts anderes als eine banale Tatsache des Lebens ist. Montaigne war sich sicher, dass Verdrängung nur den Anschein von Beruhigung liefert und sich später bitter rächen wird. Denn was weggeschoben wird, ist ja nicht weg, sondern nur zeitweilig woanders, in der Abteilung unserer Psyche, die Sigmund Freud viel später das Unbewusste genannt hat. Montaigne hat diesen Weg der Verschiebung »viehische Gleichgültigkeit« genannt, er fand ihn dumpf und feige, nicht dem Menschen gemäß. Tiere mögen vom eigenen Tod nichts wissen, aber Menschen, die so tun, als ob es ihn für sie nicht gäbe, blamieren sich, spätestens wenn er anklopft, vor sich selbst. Denn dann sind sie buchstäblich außer sich vor Angst. Man kann den Tod als Skandal betrachten, und in der Pandemie ist diese Haltung auf die Spitze getrieben worden, so sehr, dass die Angst selbst zum hochansteckenden Virus wurde. Man hätte ihm aber auch, so wie Montaigne es versucht hat, seinen ärgsten Schrecken dadurch nehmen können, dass man ihn anschaut und ins tägliche Leben hineinholt. Denn aus der Nähe betrachtet schrumpft der Scheinriese auf ein erträgliches Maß. Montaigne hat irgendwann verstanden, dass seine größte Furcht darin bestand, sich zu fürchten. Die schlimmsten Dinge ereignen sich zahlreich in unserer Fantasie, aber deutlich seltener im wirklichen Leben. Sie belagern unsere Gedanken und machen uns das Leben schwer. Man kann sich die Angst wie ein Gespenst vorstellen. Folglich hat Montaigne im Grunde das getan, was Verhaltenstherapeuten heute ängstlichen Patienten raten, die zu Vermeidungsstrategien neigen, nämlich in die Konfrontation zu gehen und sich der Situation zu stellen, die eines Tages ohnehin unvermeidlich ist. Montaigne schlägt als geistige Übung vor, möglichst täglich an den eigenen Tod zu denken. Man könnte es eine listige Umarmung nennen, mit der er versucht, dem Feind, der sowieso unbesiegbar sein wird, vorerst seinen Stachel zu nehmen, indem er ihn ganz nah an sich heranlässt. Wenn uns eine Mücke sticht, könnte dies genauso die erwünschte tägliche Gelegenheit sein, an den Tod zu denken, wie das Stolpern eines Pferdes oder ein herunterfallender Dachziegel. Dies sind Beispiele Montaignes, uns heute könnten unzählige andere einfallen, die dazu taugen, einen mitten am Tag innehalten zu lassen. Nicht in der Absicht, in unserer Fantasie eine Welt entstehen zu lassen, die nur noch aus lauter Gefahren besteht, das würde ja die eigene Angst noch füttern und wäre eben ein Zerrbild, weil es tatsächlich gar nicht so viele Schrecken gibt, wie sie in unserem Kopf herumgeistern. Es geht nicht darum, jegliche Risiken zu meiden, Ziel der geistigen Übung ist es vielmehr, das Bewusstsein dafür zu schärfen, dass alles jederzeit zu Ende sein kann und sich daher jeglicher Aufschub von Leben als töricht erweisen wird. Man kann nicht auf Vorrat leben. Gelebt, geliebt, genossen und, ja, auch gelitten wird sinnvollerweise immer nur in der Gegenwart, jedes bisschen Freude am Leben ist dem Tod abgerungen, ein Sieg des Noch-nicht. Es ist ein Trotz, den Montaigne gegen den Tod in Stellung bringt, und dieser Akt des Trotzes soll uns Freiheit bescheren, das ist der Clou. »Wer zu sterben gelernt hat«, schreibt Montaigne, »den drückt kein Dienst mehr.« Und weiter: »Sterben können befreit uns von aller Knechtschaft, von allem Zwang.« Jetzt wissen wir auch, warum Montaigne die heute morbide wirkende Einlage auf dem Höhepunkt des Festes im alten Ägypten gepriesen hat. Es ging dort nicht um eine Zügelung der Freude, erst recht nicht um einen mahnenden Verweis auf das Jenseits als eigentliche Heimat des Menschen: Die Freiheit im diesseitigen

Leben war gemeint. Wenn die Festgäste das Skelett betrachteten, rief jemand aus: »Trink und sei fröhlich, denn wenn du tot bist, siehst du so aus.«

WIE UNS GRENZERFAHRUNGEN VERÄNDERN

Um ehrlich zu sein: Wir haben trotz des Wissens um Sterblichkeit ein Problem. Es wird nicht damit getan sein, die dargebotenen Freuden zu genießen und ab sofort nur noch pure Gegenwart zu leben. Darin sind Konsumgesellschaften auf zweifelhafte Art ohnehin schon gut geübt, und so ist es von Montaigne auch nicht gemeint. Er wollte der Angst die Stirn bieten, Freiheit hieß für ihn, sich aus den Fängen der eigenen Angst zu entwinden. Den Tod gänzlich zu verdrängen, gelingt heute schon deshalb nicht mehr, weil wir medial vermittelt immerzu mit den Schrecken dieser Welt zu tun haben, leider nicht nur in Gestalt von Fiktionen. Um im Bild zu bleiben: Wer es möchte und sich nicht schützt, kann alle paar Minuten zuschauen, wie die Skelette hereingetragen werden, aber irgendwann mag man nicht mehr trinken und fröhlich sein. Wir erfahren viel häufiger und auch drastischer als frühere Generationen vom menschlichen Elend anderswo, das ist in der Geschichte der Menschheit vollkommen neu, und wir sind, weil diese Erfahrung von einem Leben mit andauernder Nachrichtenflut von uns psychisch noch gar nicht adaptiert werden konnte, dadurch einem permanenten Experiment ausgesetzt: Wie viel von dem, was uns als schlechte Nachricht in die passive Rolle des Konsumenten bringt, kann ich an mich heranlassen, ohne selbst düster zu werden? Wann erzwingt die schlechte Nachricht aktives eigenes Handeln? Was ist mir nah, was fern, was berührt mich, was lässt mich kalt? Gibt es gar eine moralische Pflicht, aus jeder Ferne eine Nähe zu machen? Die Logik der Newsticker funktioniert so, als ob wir von allem immer mehr und immer schneller erfahren müssten. Doch nur moralisch blauäugige Optimisten dürften der Meinung sein, dass unsere Fähigkeiten zur Empathie unerschöpflich sind und es im Grunde jederzeit geboten ist, Anteil zu nehmen. Vermutlich liegt die Wirkung dieser Logik entfesselter Nachrichtenkommunikation eher darin, dass, je schneller informiert, desto schneller auch wieder vergessen wird. Andernfalls würden wir an dieser Welt auch irre werden. So lernen wir mühsam, mit einer Endlosserie aus lauter Reizen zu leben, die meist schnell wieder verpuffen. Vielleicht hätte Montaigne, wenn er heute lebte, sich auch in diesem Punkt genau beobachtet und über Phasen zeitweiliger Nachrichten-Diät nachgedacht, ohne freilich dauerhaft den Weg in die Weltflucht anzutreten. Um unseren Alltag bewältigen zu können, sind wir ja auch von Montaigne nicht dazu aufgefordert, immerzu an den Tod zu denken, sondern bloß regelmäßig, am besten täglich, und seien es fünf Minuten, als willkommene Störung unserer Alltagsgeschäfte. Wobei man die Tagesschau mit ihren dargebotenen Schrecken zur gewohnten Uhrzeit eher zu den täglichen Routinen rechnen müsste, die daher wenig gemein hat mit Montaignes Mückenstich oder einem herabfallenden Dachziegel. Der Existenzphilosoph und Psychiater Karl Jaspers, dessen Ideen uns in Krisenzeiten auch wieder ansprechen könnten, hätte bezogen auf die Wirkung schlechter Nachrichten auf unsere Psyche vermutlich darauf hingewiesen, es sei das eine, an den Tod in der Weise zu denken, dass man ihn als objektive Tatsache, als Geschehen in der Welt vernimmt. Etwas ganz anderes sei es aber, mit ihm als »Grenzsituation« (Jaspers Lieblingswort) des eigenen Lebens konfrontiert zu sein. Im ersten Fall ist der Tod zwar da, wir denken an ihn, aber er ist außerhalb von uns und verbleibt daher auch in einer schützenden Distanz, wir müssen ihn sogar beiseiterücken, um weiterleben zu können. Anderswo herrscht Hunger oder Krieg, aber wir müssen dennoch pünktlich zur Arbeit. Im zweiten Fall, der eigenen Grenzsituation, wenn es um mich selbst oder Menschen geht, die mir nahe sind, handelt es sich um ein »Innerhalb«, und dann wird es regelrecht spannend, was passiert! Denn dann bin ich herausgefordert, mich neu zu entwerfen. Wieder ist es so, dass die Freiheit aus der Unfreiheit erwachsen kann, weil die Umstände uns geradezu dazu verurteilen, frei zu sein. Plötzlich wirkt es vollkommen banal, ob man pünktlich am Arbeitsplatz erscheint. Die neue Situation ist so, als ob ein Schleier fällt, wir rücken die Dinge zurecht: Wichtiges von Unwichtigem zu unterscheiden, gelingt plötzlich mühelos. Jaspers ist ein Meister der *Ver-rückung.* Während wir gemeinhin Glück mit Phasen sorgenfreien Lebens in Verbindung bringen, wenn alles zu gelingen scheint und gar nichts schmerzt, sucht Jaspers es ausgerechnet in den Momenten, in denen das Leben am schwersten ist und einem das Wort Glück gar nicht über die Lippen will. So fremd dies auf den ersten Blick wirken mag, so vertraut ist dieser Gedanke denjenigen, die schon einmal an der Grenze zwischen Leben und Tod unterwegs waren, indem sie zum Beispiel einen Menschen beim Sterben begleitet haben und diese Erfahrung auf keinen Fall missen möchten, weil sie ihr Leben verändert hat. Erst hinterher haben sie verstanden, dass in solchen Grenzsituationen, die wir gern Schicksalsschläge nennen, weil sie zuallererst schmerzen, Biografien geprägt und Identitäten fortentwickelt werden. Wer ihnen zuhört, erfährt

Kostbares darüber, was es heißt, geben oder empfangen zu können in Momenten totaler Asymmetrie, wenn Stärke nicht auf Stärke trifft, sondern auf Hinfälligkeit. Genau die Situationen im Leben, in denen sich offenbart, wie zerbrechlich wir sind, denen wir nicht ausweichen können, obwohl wir sie uns so gern ersparen würden und in die Alltagsillusion von einem daueroptimierten Leben ohne große Tragik flüchten, sind es offenbar, die das Potenzial haben, uns wirklich Mensch werden zu lassen. Das übersehen wir aber, wenn wir Momente des Angewiesenseins auf andere automatisch als schreckliche Hilflosigkeit und Abhängigkeit deuten, die uns versklavt. Folgt man Jaspers, dann ereignet sich an dieser Grenze etwas, was im banalen Alltag nicht zu haben ist: Im besten Falle erleben wir eine Intensität und Nähe zwischen Menschen, die die Zeit da draußen für den Moment stillstehen lässt. Nun werden wir das Tragische deshalb nicht gezielt ansteuern, was wir in solchen Momenten erleben, darf keinesfalls verniedlicht werden, es ist oft brutal und im Ergebnis auch vernichtend. Zudem ist es ja keine Wahl, ob man in eine Grenzsituation hineingerät oder nicht, und hinterher sind wir auch froh, sie hoffentlich heil überstanden zu haben. Entscheidend für unsere Freiheit ist ein weiteres Mal, wie wir uns zu dem stellen, was wir nicht selbst in der Hand haben und das dennoch unweigerlich auf uns zukommt, weil kein menschliches Leben unfallfrei verläuft. Der Existenzialist Albert Camus hat uns bekanntlich aufgefordert, sich die Figur des Sisyphos, der im antiken Mythos dazu verurteilt ist, einen Felsbrocken einen Berg hinaufzuwälzen, der kurz vor dem Gipfel wieder hinunterrollt, als glücklichen Menschen vorzustellen. Karl Jaspers wird damit einverstanden gewesen sein. Für ihn bestand unsere Lebenskunst darin, das, was uns in Grenzsituationen ungewollt zustößt, innerlich so anzunehmen, als hätten wir es selbst so gewollt. Aber was genau mit uns geschieht, wenn wir an diese Grenze geraten, werden wir vorher niemals wissen. Dass es sie gibt und wir unweigerlich an sie stoßen werden, ist immerhin sicher. Vielleicht haben wir dies für einen historischen Moment, der unbegrenzt zu sein schien oder jedenfalls fast so lang wie ein ganzes Menschenleben, das in Frieden und Wohlstand verbracht wurde, vergessen.

KEIN LEBEN OHNE ANGST

Wie schön es wäre, wenn die Angst auf Dauer aus unserem Leben verschwände! So töricht könnte man träumen. Aber sie wird nicht verschwinden, und das ist auch gut so, denn mit der Angst würden wir auch unsere Freiheit los. Søren Kierkegaard war der Erste, der diesen Zusammenhang gesehen hat, er nannte die Angst den »Schwindel der Freiheit«, weil es ihm so vorkam, als ob wir einen Abhang hinunterschauen, wenn wir an all die Möglichkeiten denken, die sich uns im Leben bieten, und wir deshalb immerzu entscheiden müssen. Es selbst tun zu müssen, dabei scheitern zu können oder Schuld auf sich zu laden, das ist es, was den Schwindel verursacht und uns wie benommen sein lässt. Die Angst begleitet den Menschen, seitdem es ihn gibt. Im Grunde ist die gesamte Geschichte der Menschheit nichts anderes als der permanente Versuch, die Angst zumindest eine lange Weile in Schach zu halten, wenn sie schon nicht endgültig besiegt werden kann. Weil unsere Existenz immer gefährdet, nie gesichert ist, haben Menschen sich Mythen erzählt und Religionen gestiftet, später dann die Hoffnung auf Erlösung auf die Wissenschaft gerichtet, sie haben aus Verzweiflung während der Pest Kranke eingemauert oder während Corona Sterbende im Stich gelassen, sie haben sich gegenseitig verrückt gemacht oder zu beruhigen versucht. Angst ist hochansteckend und kann rasend schnell zum kollektiven Phänomen werden. Wenn sie phasenweise besonders wuchert, sind viele bereit, ihre Freiheit, also ihr Wertvollstes, gegen vermeintliche Sicherheit zu tauschen, dann würde man gern wieder Kind sein und alle Verantwortung an Autoritäten abgeben. So haben wir während der Pandemie erlebt, wie eine Gesellschaft, die den Tod verdrängt und deren Ideal die vollkommene Angstfreiheit ist, in Windeseile ins Gegenteil kippt, d. h. plötzlich nur noch Tod und Angst zu kennen scheint und dabei das Weiterleben vergisst, vor allem das Gegengift zur Angst, nämlich die Lebensfreude. Der erste Schritt, um die Angst einzuhegen, ist aber weder ihre Leugnung noch die totale Hingabe an sie. Sie muss nicht mit aller Kraft abgewehrt werden, sollte aber erst recht nicht, um an die kluge Redensart zu erinnern, zum schlechten Ratgeber werden, der alles bestimmt. Wir könnten sie, da wir sie ja ohnehin nicht loswerden, wie einen steten Begleiter verstehen, der manchmal zum Plappern neigt, manchmal lange schweigt, im Idealfalle aber dann etwas sagt, wenn es etwas zu sagen gibt. In diesen Momenten ist es an uns, dies zu deuten. Dann gilt es, wie es die Tiefenpsychologin Verena Kast formuliert hat, die Frage an sich selbst zu richten, ob die Angst uns in diesem Augenblick »etwas verschließt oder etwas eröffnet«. Im ersten Fall spüren wir es auch körperlich, wie sie uns einschnürt oder erstarren lässt, also handlungsunfähig macht, im zweiten Fall, für den sich Verena Kast besonders interessiert, hat die Angst das Potenzial, uns sowohl auf das hinzuweisen, was verändert werden muss, als auch auf das, was uns Halt geben kann. Negative Emotionen wie die Angst können Wegweiser sein, sich neu zu Situationen zu stellen. Dann fordern sie uns in einem produktiven Sinne. Deshalb findet Kast es auch so töricht, dem Ideal von Angstfreiheit zu folgen, »kontraphobisch zu sein«, wie sie es nennt, oder sich selbst zumindest vorzumachen, dass man es angeblich sei. Die Verdrängung von Angst bewirke im Ergebnis immer noch mehr Angst, das ergebe die Analyse von Panikstörungen. Wenn wir hingegen zugeben können, stets gefährdet zu sein, meint Verena Kast, dann wächst auch unser Lebenswille. Kast setzt auf die Kraft der Imagination. In Bildern von einem anderen Leben finden wir aus den Sackgassen heraus, in denen die Angst regiert. Kasts Lieblingssatz stammt vom Philosophen Ernst Bloch: »Die Hoffnung ersäuft die Angst.« Aber immer nur vorläufig, müssten wir wohl hinzufügen. Ein weiteres Mal stoßen wir darauf, wie wichtig es ist, die eigene Angst nicht zu leugnen, sondern sich ihr zu stellen und dann im zweiten Schritt dafür zu sorgen, dass sie nicht das letzte Wort behält. Hoffnung, Zuversicht und Lebensfreude, die besten Gegengifte also, sind aber keine Gaben, die man je nach Temperament hat oder nicht hat oder die man allenfalls aus mysteriösen Quellen empfangen könnte, sie sind Ergebnis eigener Aktivität. Verena Kast empfiehlt als Grundhaltung ein ständiges Fragen, ob etwas nicht auch besser sein könnte.

Ein Beispiel aus persönlichem Erleben, das zeigt, wie verbreitet dieses Ideal der Angstfreiheit inzwischen ist: Einmal erzählte ich auf einer Lesung von eigenen Fantasien, die sich manchmal bei Besuchen auf Friedhöfen bei mir einstellen, von denen ich sicher bin, dass sie von vielen geteilt werden, freilich ohne dass darüber gesprochen wird. Die Vorstellung nämlich, dass man von einer profanen Neugier getrieben doch manchmal gern wissen möchte, was in der Tiefe der Gräber gerade geschieht, ob man, wenn man durch eine Glasscheibe hinunterschauen könnte, dann die Aktivität von Würmern bei ihrer Arbeit an der Leiche beobachten würde. Als ich es ausgesprochen hatte, sah ich in so manchem Gesicht ein wissendes Lächeln, das mir signalisierte, dass diese Fantasie tatsächlich vielen wohlvertraut ist. Hinterher kam allerdings eine empörte Zuhörerin zu mir und wies mich zurecht, dass es in anderthalb Metern Tiefe kein solches Getier gebe. Ich gab zu, in diesem Punkt nicht das nötige biologische Wissen zu haben, um sinnvoll widersprechen zu können, aber ich hatte ja auch nicht von Tatsachen gesprochen, sondern nur von Fantasien. Was es denn wirklich sei, was sie so empöre, fragte ich sie. Ihre Antwort: Wer über solche Bilder im Kopf schreibe oder erzähle, würde eine Angst vor dem Tod wecken, und das sei so unnötig wie unverantwortlich. Ob sie denn sicher sei, dass wir Menschen als endliche

Wesen gänzlich ohne Angst leben können, oder dies vielleicht nur eine schützende Illusion sei, wollte ich dann von ihr wissen. Diese zweite Frage ließ sie verstummen.

Immer haben Menschen sich gefürchtet, und immer schon wurde in der Philosophie die Frage gestellt, was wir tun können, um zu verhindern, dass sich die Furcht wie Mehltau auf unser Leben legt. Wie wichtig es in diesem Zusammenhang ist, Momente der Lebensfreude gezielt aufzusuchen, das hat Montaigne schon von den antiken Stoikern und von Epikur gelernt. Dort begegnete ihm auch bereits der Gedanke, dass Maßlosigkeit sowohl im Genuss als auch im Verzicht ein Fluch sein kann, der mit innerer Unruhe teuer bezahlt wird. Sich zu bemühen, nicht zu viel zu wollen, die Sinnenfreude gleichwohl zu rühmen und sie durch das rechte Maß gar zu steigern, galt Epikur als Königsweg zu einem glücklichen Leben, an dem wir uns heute wieder neu orientieren könnten. Von ihm heißt es, dass ihm ein schöner Garten, Brot, Wein, Käse und dazu ein paar gute Freunde als Fülle des Lebens gegolten hätten. Umgekehrt gehörte bei Epikur die Furcht zu den großen Widersachern der Lebensfreude, allerdings hat er es sich hier an einem entscheidenden Punkt zu einfach gemacht. Heute bewegen sich viele, die es als hohen Wert betrachten, kontraphobisch zu leben, also alle Gedanken an das eigene Ende beiseitezuschieben, bewusst oder unbewusst in den Spuren von Epikur. Er hatte nämlich kühn behauptet, dass der Tod für uns gar keine Bedeutung hat: »Denn solange wir da sind, ist der Tod nicht da, wenn aber der Tod da ist, dann sind wir nicht da.« Zugegeben, ein schöner intellektueller Trick, der auch über eine lange Strecke des Lebens funktionieren mag, gewissermaßen eine Einladung zur Selbsttäuschung, mit der man sich Seelenfrieden auf Zeit erkaufen kann. Aber in Grenzsituationen erfahren wir dann doch, dass im Leben nicht alle Gleichungen und saubere Trennungen aufgehen, und erst recht nicht solche. Menschliche Existenz erschöpft sich nicht in der Logik von Null und Eins, es gibt viel mehr als nur die Zustände fit oder tot. Wenn es also stimmt, dass die Angst zu uns gehört und bleiben wird, dann sollte sich unsere Aufmerksamkeit erstens lieber darauf richten, worin wir uns individuell in unseren konkreten Ängsten unterscheiden, und zweitens darauf, welche Ängste zu bestimmten Zeiten besonders aufblühen und eine kollektive Wirkung entfalten, die gefährlich werden kann.

JEDEM SEINE EIGENE ANGST

Noch einmal, weil es so wichtig ist: Angst haben wir alle. Nur merkt man es nicht jedem an, anderen dagegen überdeutlich. Die einen tragen sie auf den Lippen, andere, die Kontraphobiker, pfeifen lieber im Walde, als sei nichts. Diesen Gedanken zu akzeptieren, dass wir alle etwas teilen und dennoch sehr verschieden sind in den Ausdrucksformen unserer Ängste, könnte heißen, neue, vielleicht unverhoffte Möglichkeiten der Verständigung zu schaffen. Freilich gelingt dies nicht, und das erklärt die grassierende Sprachlosigkeit oder gar Verfeindung, wie viele sie zuletzt bis ins Private hinein erleben mussten, wenn man weder die eigene Angst noch die der anderen versteht. Dann kann es einem so vorkommen, als lebte man nicht mehr in einer gemeinsamen Welt und übertriebene Ängste hätten immer nur die anderen. Helfen könnte die Wiederentdeckung eines seinerzeit viel gelesenen Bestsellers des Psychoanalytikers Fritz Riemann. Er hat bereits im Jahr 1961 in »Grundformen der Angst« ein Bewusstsein dafür zu wecken versucht, dass die Angst zwar unweigerlich zu unserem Dasein gehört, einen Umgang mit ihr zu finden, folglich eine lebenslange Aufgabe bleibt, in ihren Ausprägungen aber individuell genauso verschieden ist wie »die Liebe«, »der Tod« oder andere Abstraktionen. Eine von Riemanns Grundformen lohnt es heute, genauer anzuschauen, er nennt sie »die zwanghafte Persönlichkeit«. Gemeint ist eine dominante Sehnsucht nach Dauer, die im Umkehrschluss eine Angst vor Veränderung ist. Wie bei jeder anderen Grundform der Angst findet Riemann auch hier einen gesunden Kern, der in der menschlichen Existenz angelegt ist, im Falle des Zwanghaften das Bestreben, sich in einer unübersichtlichen Welt dadurch Orientierung zu verschaffen, dass man im Gelernten und Gewohnten, in Ritualen und Routinen Ankerpunkte findet, die Sicherheit geben. Ohne solche Wiederholungen keine Entwicklung und auch kein Vertrauen in die Welt, das gilt schon für Kinder, und wir alle benötigen ein gewisses Maß an Sicherheit, um das Neue ertragen und verarbeiten zu können. Wir alle haben also auch etwas Zwanghaftes in uns, genauso wie den Gegenpol, das Hysterische, mit dem Riemann die Angst vor Festlegung und vor Akzeptanz von Grenzen der Freiheit meint. Die hysterische Persönlichkeit beschreibt Riemann als ständig vom Reiz des Neuen getrieben, von aktivem Streben nach permanenter Veränderung, sich vom Gewohnten zu lösen, wird von ihr gar nicht als schmerzhaft, sondern sogar als befreiend erlebt. Sie läuft aber Gefahr, die Tatsachen des Lebens aus dem Blick zu verlieren, die begrenzenden Realitäten eines endlichen Wesens. Menschen haben sowohl zwanghafte als auch hysterische Persönlichkeitsanteile und tragen in sich überdies die beiden weiteren Grundformen des Schizoiden und Depressiven, die wir hier beiseitelassen. Alle vier Formen der Angst sind in uns präsent, nur in jeweils unterschiedlichen Kräfteverhältnissen, sie können sich ergänzen oder widersprechen, im Sinne eines Strebens und Gegenstrebens. Wir können uns ja Sicherheit und Risiko durchaus zugleich wünschen, ringen mit uns, streben im einen Moment eher nach Dauer, im nächsten nach Veränderung. Wer diese vier Grundimpulse einigermaßen ausbalancieren kann, kommt gut durchs Leben, jedenfalls mit Blick auf psychische Gesundheit. Riemann versteht diese Kategorien nicht im heutigen pathologischen Sinne einer psychiatrischen Diagnose. Problematisch werden die verschiedenen Spielarten der Angst erst dann, wenn sie so dominant werden, dass sie die anderen Impulse ersticken. Sie werden »überwertig«, wie Riemann es ausdrückt.

DIE STUNDE DES ZWANGHAFTEN

Warum sollte uns nun heute eine dieser vier Grundformen der Angst besonders interessieren, nämlich die Angst der zwanghaften Persönlichkeit vor Veränderung? Weil zu vermuten ist, dass die ohnehin stets gefährdete Gleichgewichtigkeit der Impulse durch zeitbedingte Umstände für uns noch einmal schwieriger zu halten sein wird und Störungen der Balance in eine bestimmte Richtung häufiger zu beobachten sind. Damit sind wir noch einmal bei den eingangs erwähnten Bildern, die jetzt vielfach verwendet werden, um das herrschende Krisengefühl auszudrücken: der schwankende Boden, auf dem wir uns zu halten versuchen, oder die Düsternis im Tunnel, dessen Ende noch nicht sichtbar ist. Das sind Beschreibungen einer Welt, die als zunehmend chaotisch empfunden wird, kaum Orientierung bietet und erst recht keine aufhellende Perspektive nach vorn. In einer solchen Weltwahrnehmung wächst das Bedürfnis nach Sicherheit rasant, es ist zugleich die Stunde der »Retrotopia«, wie der Soziologe Zygmunt Bauman Sehnsüchte nach der Welt von gestern genannt hat, wenn die einstige Zuversicht auf ein besseres Morgen, die lange getragen hat, durch Verklärung der vermeintlich goldenen Vergangenheit ersetzt wird. Früher war alles besser. Früher gab es so etwas nicht. Das sind Sätze, die aus dem Zwanghaften kommen, aus denen Überforderung angesichts von beschleunigtem Wandel spricht, Sätze, die auf Veränderung mit Ressentiment reagieren. Und wer wäre derzeit gänzlich frei von dieser Angst, die den Weg ins Zwanghafte einschlägt, wer wünschte sich nicht zumindest gelegentlich, vor zu schnellem Wandel verschont zu werden und die Zeit am liebsten anhalten zu können? Wen schaudert es nicht bei der Vorstellung, dass wir allein bei der digitalen Entwicklung erst am Anfang stehen und noch gar nicht absehen können, wie wir in zwanzig Jahren leben werden, in einer Welt der künstlichen Intelligenzen, von der wir noch nicht wissen können, wer dann wen regiert? Wessen Nerven sind noch stark genug, um auch das aushalten zu können, was dem eigenen Weltbild widerspricht? Das Bedürfnis nach Dauer, das ja ohnehin unerfüllbar ist, weil alles in der Welt des Lebendigen immer im Fluss ist und im Grunde eine lange Kette aus lauter kleinen und großen Abschieden darstellt, meldet sich kollektiv verstärkt dann, wenn wir spüren, dass etwas Größeres zu Ende geht und wir damit immer auch an die eigene Vergänglichkeit erinnert werden. Die zwanghafte Persönlichkeit neigt dazu, krampfhaft festzuhalten, verschließt sich Neuerungen, sie versucht mit der Unendlichkeitsillusion so lange zu leben, bis diese zerbricht. Und genau das geschieht gerade, das Vertraute zerbröselt, das Erlernte wird entwertet, eigene Überzeugungen stehen jeden Tag auf dem Spiel. (Interessant in diesem Zusammenhang ist übrigens auch der entgegengesetzte Pol, die hysterische Reaktion: Alte Überzeugungen werden durch einen Sprung ins Gegenteil blitzartig verabschiedet, sodass aus einstigen

Pazifisten plötzlich Waffenexperten werden.) Das Ergebnis ist grassierende Angst, Krisenzeiten begünstigen das Zwanghafte in uns, sie stellen eine Versuchung dar, die eigenen Kreise enger zu ziehen. Unser Umgang mit der Pandemie, geprägt von überschießenden Bedürfnissen nach Sicherheit, hat diese ohnehin bereits vorhandene Tendenz, sich in einer kleinen Welt abzusondern und zu verpanzern, noch einmal deutlich verstärkt. Viele finden nun nicht mehr zurück ins Offene. Ähnliches gilt für die derzeitigen Versuche, die eigene Sprache so zwanghaft zu reglementieren, dass vor dem Sprechen möglichst an alle denkbaren Verletzungen und Ausschlüsse von anderen gedacht wird. Die Sprache bekommt dann etwas Künstliches und Bürokratisches, sie ist auf Sicherheit getrimmt und verliert so ihre Lebendigkeit und Unbefangenheit. Menschliche Kommunikation ist aber nie störungsfrei und auf das wechselseitige Vertrauen angewiesen, dass wir nicht gleich eine moralische Anklage riskieren, wenn wir ins Unreine formulieren. Immer wieder wird es uns passieren, dass wir erst sprechen und dann denken, und so soll es auch sein dürfen, damit wir nicht in Kontrollzwänge geraten. Nicht selten werden auf diese Weise auch die besten Ideen geboren. Kurioserweise sehen sich solche Bestrebungen, mit der eigenen Sprache stets wie mit einem Hochrisiko umzugehen, vom Geist des Neuen getragen, dabei entstammen sie dem Wunsch nach klaren Grenzziehungen zwischen richtig und falsch, sind unbewusst Ausdruck einer Angst vor der Freiheit. Überhaupt trägt der derzeit herrschende Moralismus, der sich bei vielen Gelegenheiten rührt, nicht nur auf dem Feld der Sprachpolitik mit seiner zurechtweisenden Strenge deutliche Züge des Zwanghaften. Moralismus ist nicht selten getarnte Aggression.

Auch das gehört zu den Verrücktheiten unserer Zeit: Ein überforderndes Zuviel an Wandel bringt in der Folge ein Zuviel an Erstarrung mit sich. Viel wäre gewonnen, wenn wir zuerst auf die Suche nach Spuren des Zwanghaften im eigenen Ich gingen und nicht bloß auf andere schauen würden. Dann hätten wir nicht nur die Chance, uns selbst besser zu verstehen, sondern könnten auch einen milderen Umgang mit ähnlichen oder etwas anders gelagerten Ängsten von anderen pflegen. Im Falle des Zwanghaften können Ängste eine eminent politische Bedeutung erlangen, sie sind längst zur latenten Gefahr für die Demokratie geworden. Denn die zwanghafte Persönlichkeit, auch das hat Riemann bereits gesehen, sucht sich ihren festen Halt gern im Dogmatismus und Fanatismus. Den Anschein von Sicherheit verschafft sie sich durch Intoleranz denen gegenüber, die die eigene Sichtweise infrage stellen. Je unübersichtlicher die Welt, desto härter der eigene Standpunkt. Man blamiert sich heute nicht, wenn man mit einem Bekenntnis beginnt, mit wem man auf keinen Fall zum Dialog mehr bereit ist. Gestritten wird zwar ständig, aber aus Gründen geistiger Bequemlichkeit lieber in Abwesenheit der Kontrahenten, dann aber mit härtesten Bandagen: im Netz. Auch hier, auf dem Feld der öffentlichen Kommunikation, zeigt sich täglich die Neigung zum Rückzug in die Überschaubarkeit der eigenen Blase, die wärmende Selbstbestätigung bietet. Von dort aus vermag man dann im Gemeinschaft stiftenden *Shitstorm* nur noch mit Hass auf etwas zu reagieren, das der eigenen Perspektive widerspricht. Für die Idee der Demokratie ist diese Ausdrucksform des Zwanghaften ein schwerer Rückschritt, denn die Bereitschaft, bei sich selbst die nötigen Tugenden für einen zivilisierten Streit einzuüben (und nichts anderes ist Demokratie in einer Gesellschaft der Verschiedenen, sie organisiert den Dissens), erodiert bedenklich. Die zwanghafte Persönlichkeit neigt also häufig zur Selbsttäuschung, indem sie sich im felsenfesten Standpunkt einrichtet, und verwechselt obendrein gern Meinen und Wissen. Letzteres ist aber derzeit, oder war es eigentlich schon immer, ein rares Gut. Meinungen gibt es dagegen wie Sand am Meer.

VOM UMGANG MIT NICHTWISSEN

Wenn es stimmt, dass wir gerade Bedeutsameres erleben als bloß ein zyklisches Tief, auf das schon bald wieder ein strahlendes Hoch folgen kann, wenn wir folglich den gegenwärtigen Krisenreigen nicht nach der Logik früherer Krisen als kleine Delle deuten können, dann sind wir Zeugen einer Zwischenzeit. Das Alte, lange Zeit Gewohnte, gilt nicht mehr oder verliert an Kraft, aber das Neue, noch Ungewohnte, ist verpuppt und daher für uns allenfalls schemenhaft erkennbar. Wir wissen nicht, wie wir in sehr naher Zukunft leben werden, weil wir gezwungen sind, auf Sicht zu fahren, aber wir haben Anlass, darüber nachzudenken, wie wir leben wollen. Wie gesagt, Krise heißt auch Entscheidung. Gut möglich, dass man in einer künftigen Geschichtsschreibung das, was wir jetzt erleben, die Veränderung aller Lebensverhältnisse durch die Logik der Digitalisierung, die Suche nach Auswegen aus dem zerstörerischen, kapitalistischen Wachstumszwang, ja mehr noch: die Notwendigkeit einer Neubestimmung der Stellung des Menschen in dieser Welt, als ebenso bedeutsame Schwelle bewerten wird wie wir heute rückblickend die Erfindung des Buchdrucks oder die Französische Revolution. Aber auf der Schwelle ist man weder drinnen noch draußen, es ist eine Passage, eine Zeit des Übergangs, und Revolutionen, so heißt es zudem, fressen gern ihre Kinder. Die Urteile, die wir jetzt in diesem Raum des Dazwischen fällen, sind also sehr vorläufig und werden vermutlich von künftigen Entwicklungen bald schon überrollt. »Was weiß ich denn?«, hätte der Skeptiker Montaigne in dieser Situation vermutlich ein weiteres Mal gesagt, wenn man von ihm verlässliche Aussagen zur Zukunft hätte hören wollen, und wohl darauf verwiesen, dass derzeit allein schon die Frage ratlos macht, wie wir ohne den für die Moderne so zentralen Gedanken des Fortschritts als allgemeine Entwicklungstendenz auskommen können sollen, vorangetrieben durch fortgesetzte Naturbeherrschung, aber auch durch das Vertrauen darauf, dass es einen Prozess fortschreitender Zivilisierung des Menschen gibt, der Gewalt immer mehr zum Verschwinden bringt. Das war lange Zeit der Kompass, der die Richtung wies, und nun finden wir uns in einer Welt mit täglicher Vernichtung wieder. Wir essen zwar mit Messer und Gabel und haben das Schlagen von Kindern erfolgreich geächtet, aber dennoch existiert der Krieg, ist menschliche Destruktivität offenbar nicht dauerhaft still zu stellen und gibt es doch viele, die wieder Held sein wollen. Das will einem nicht so einfach in den Kopf.

Oft wird behauptet, wir lebten in einer Wissensgesellschaft, dabei stapeln wir derzeit vor allem Nichtwissen auf und suchen nach Durchblick. Die Welt sei so komplex geworden, lautet dazu der passende Stoßseufzer, alles hänge mit allem zusammen, aber nicht in einer für uns erkennbaren, geordneten Struktur, sondern eher wie im Durcheinander eines Wollknäuels. Wo um Himmels willen anfangen, lautet dann die Frage in einer Phase multipler Krisen. Dabei ist die derzeit so spürbare Orientierungslosigkeit für die Philosophie gar nicht neu und unvertraut, sondern sie hat im Gegenteil damit überhaupt erst begonnen. Angetreten ist sie allerdings nicht mit dem Versprechen, Sicherheit zu bieten, sondern ihr Projekt war die Erschütterung illusionärer Formen von Sicherheit, sie kam aus dem Zweifel und wünschte die Irritation. Sokrates war vor fast zweieinhalbtausend Jahren der erste Ruhestörer in einem Moment, in dem es auch schon um das Verhältnis von Meinen und Wissen ging. Vielleicht können wir heute sagen, dass wir wieder mal eine sokratische Situation erleben. Um uns herum dröhnen die lauten Stimmen, die sich ihrer Sache sehr gewiss sind, aber wenn dann einer wie Sokrates käme und durch kritische Fragen die Substanz von starken Meinungen überprüfen würde, stellte sich schnell heraus, auf welch dünnem Eis sich der Meinungseifer häufig bewegt. Als Sokrates auf dem antiken Marktplatz von Athen unterwegs war, traf er dort lauter Leute, die sich für sehr wissend hielten. Sokrates verwickelte sie in Gespräche, die das Ziel hatten, Widersprüche im Denken aufzudecken. Seine Gesprächspartner, die voller Meinungsstolz waren, fühlten sich zunächst geschmeichelt, weil Sokrates sich für das interessierte, was sie für ihren gesicherten Vorrat an Wissen hielten. Er gab sich, obwohl ja eigentlich er der philosophische Lehrer war, als lernbegieriger Schüler aus, verwandelte sich aber bald darauf in eine Stechmücke, die mit ihren bohrenden Nachfragen lästig wurde. Dass er wie eine Stechmücke sei und durch seine Nachfragerei Hass geerntet habe, hat Sokrates übrigens über sich selbst gesagt, wobei es seit Platon und bis heute üblicher ist, in ihm eine Art Hebamme zu sehen, die mit einer besonderen Kunst der Gesprächsführung und Fragetechnik ihrem Gegenüber half, neue Einsichten zu gebären. Sie kamen dadurch ans Tageslicht, dass bisherige Standpunkte und Meinungen, die mit gesichertem Wissen verwechselt worden waren, vor kritischen Nachfragen irgendwann nicht mehr bestehen konnten. Sokrates führte sein Gegenüber gezielt zunächst in die Ratlosigkeit hinein, die Aporie, die er für eine unabdingbare Durchgangsstation hielt, bevor neue Erkenntnisse an die Stelle der alten treten konnten, die sich als irrig erwiesen haben. Genau dies wurde ihm vor Gericht auch zum Vorwurf gemacht, dass er die Jugend dadurch verdorben habe, dass er sie in die Aporie geführt habe, was ja bedeutet, überlieferte Meinungen, Konventionen und Moralvorstellungen in Zweifel zu ziehen. Philosophieren ist eben gesellschaftlich riskant.

ABRÜSTEN IM MEINUNGSSTREIT

Berühmt ist bis heute die Selbstaussage Sokrates', er selbst wisse, dass er nicht wisse. Dies war weder gezielte Tiefstapelei noch Arroganz, sondern sein Verständnis von Weisheit. Der weise Mensch weiß laut Sokrates um die Beschränktheit seines Wissens, anders als diejenigen, die bloß meinen, viel zu wissen, und dieses, ihr eigenes Meinen, mit Wissen verwechseln. Sokrates behauptete also nicht, gar nichts zu wissen, denn immerhin dies, das Wissen um das eigene Unwissen, unterscheidet ihn von denen, die ihre starken Meinungen ungehemmt in die Welt tragen, ohne zu wissen, dass sie in Wahrheit Unwissende sind. Allein deshalb wusste Sokrates ein entscheidendes bisschen mehr als die meisten anderen, darin bestand seine Weisheit. Was könnte es heute heißen, sich Sokrates in dieser Hinsicht zum Vorbild zu nehmen? Gewiss nicht, überhaupt keine Überzeugungen mehr zu haben und in einem Skeptizismus zu landen, der dann zynisch wird, wenn er sich von dem, was in dieser Welt geschieht, gar nicht mehr berühren lässt. So hat es Sokrates auch nicht gemeint, einige Grundsätze waren für ihn unumstößlich, ungeachtet seiner Selbsterkenntnis bezüglich des eigenen Unwissens, zum Beispiel, dass es besser sei, Unrecht zu leiden als Unrecht zu tun, oder dass das Angenehme nicht das Gleiche sei wie das Gute. Einer, dem alles egal ist und der nihilistisch wie der letzte Mensch lebt, wäre ja auch nicht wie Sokrates bereit, für die eigenen Werte so radikal einzustehen, dass dafür sogar ein Todesurteil in Kauf genommen wird. So weit müssen wir zum Glück nicht gehen. Von Sokrates zu lernen, könnte heute bedeuten, das eigene Bewusstsein dafür zu schärfen, wie angewiesen wir auf andere sind, um die Beschränktheit unserer Perspektive auf die Welt zu überwinden. Könnten wir die eigene Unwissenheit häufiger als Ausgangspunkt akzeptieren, gelänge es viel müheloser, andere Sichtweisen nicht als lästig, sondern als Bereicherung zu empfinden. Und wie erlösend kann das sein, wenn zu gelingender Kommunikation das Eingeständnis gehört, etwas nicht zu wissen, anstatt dies in für alle qualvoller Weise verbergen zu wollen! Wer hätte nicht Erfahrung damit, welche produktiven Wendungen dann in Dialogen möglich sind. Plötzlich öffnet sich ein Raum für das gemeinsame freie Denken.

Vielleicht darf man sogar von einer Demokratie von morgen träumen, die den Umgang mit Unwissenheit als gemeinschaftsbildendes Projekt begreift. Jedes Individuum trägt am großen Tisch etwas bei, was den anderen fehlt, und so entsteht ein verbindendes Drittes. Inzwischen gibt es gute Praxisbeispiele von per Losverfahren zusammengesetzten Bürgerräten, die den Erwerb von noch nicht vorhandenem Wissen als kollektiven Prozess begreifen. Gemeinsam schlauer werden wollen ist etwas gänzlich anderes, als allein recht haben zu müssen. Träumen könnte man auch von einer politischen Kultur, die es honorieren würde, wenn Kursänderungen ehrlich angesprochen werden könnten, ohne öffentlich abgestraft zu werden. Ich habe mich geirrt, ich habe es nicht besser gewusst. Solche Sätze verdienten Respekt, weil sie aus dem Mut kommen. Wie gut wäre es, wenn es uns also gelänge, eigene Meinungen rechtzeitig zu verabschieden, bevor sie sich in Starrsinn verwandeln. Eine regelmäßig an sich selbst zu richtende Kontrollfrage könnte sein, wann es zuletzt geschehen ist, dass man sich von einer Überzeugung getrennt hat, die lange wichtig schien, und ob die Kraft gereicht hat, dies auch anderen gegenüber einräumen zu können. Fiele einem bei einer solchen Gelegenheit der Selbstüberprüfung auf, dass trotz so vieler Veränderungen ringsherum der eigene Meinungsstolz unangetastet geblieben ist, blamierte man sich damit vor sich selbst. In Krisenzeiten müssten wir eigentlich feststellen, dass die Koordinaten unseres bisherigen Denkens nicht mehr ausreichen, um eine veränderte Realität zu erfassen. Es wäre ein Gebot intellektueller Redlichkeit, sich selbst und anderen nicht vorzumachen, dass der eigene Durchblick vorhanden sei. Häufig tun wir aber das Gegenteil: Wir schelten den Meinungswandel bei anderen und versuchen den eigenen zu kaschieren. Beides sind Triumphe des Zwanghaften, wieder obsiegt die Angst.

Im Politischen findet ein solches Verhalten seinen Ausdruck in verschärfter Polarisierung. Die Gesellschaft zerfällt in Lager, die nichts mehr miteinander anzufangen wissen und sich im Alltag auch gar nicht mehr begegnen. Ein Austausch von Argumenten erscheint beiden Lagern als Zeit- und Energieverschwendung, irgendwann fehlt es dann auch an einer gemeinsamen Sprache, um zivilisierten Streit überhaupt einüben zu können. Nichts Verbindendes scheint mehr zu existieren. Der Aufstieg eines Donald Trump hat diese Vorgeschichte, und auch in den europäischen Gesellschaften lässt sich beobachten, wie durch Kulturkämpfe Gräben stetig vertieft werden. Karl Jaspers fand im zerstörten und von schwerer historischer Schuld beladenen Nachkriegsdeutschland auch eine Situation der Sprachlosigkeit und seelischen Verwüstung vor. Um wieder neu erlernen zu können, miteinander zu reden, hat er in seiner Schrift »Die Schuldfrage« von 1946 ein sokratisches Ideal formuliert: »Wir wollen nicht nur behaupten, sondern im Zusammenhang nachdenken, auf Gründe hören, bereit bleiben, zu neuer Einsicht kommen. Wir wollen uns innerlich versuchsweise auf den Standpunkt des anderen stellen. Ja, wir wollen das uns Widersprechende geradezu aufsuchen. Das Ergreifen des Gemeinsamen im Widersprechenden ist wichtiger als die voreilige Fixierung von sich ausschließenden Standpunkten, mit denen man die Unterhaltung als aussichtslos beendet.«

»Bereit bleiben«, allein diese beiden Wörter genügen schon, um zu zeigen, dass es bei der Frage des Umgangs mit Nichtwissen um viel mehr als nur gelingende Kommunikation geht. Sie berührt unser Bild vom Menschen und unsere Stellung in der Welt. Wer Letztere so individualistisch deutet, als sei ihr Mittelpunkt das eigene Selbst, »ich denke, also bin ich«, wird sich schwertun, die Perspektive von anderen als Bereicherung zu empfinden. Auch auf diesem Feld gilt, dass es künftig darauf ankommen wird, Trennungen zu überwinden und die Bewegung vom Ich zum Du zu vollziehen. Es beruht auf einem inneren Entschluss, ob man sich offenhält, bereit bleibt für die Wahrnehmung der Veränderungen außerhalb des eigenen Selbst, die dann innere Veränderungen nach sich ziehen, oder ob man sich verschließt. Man gibt sich selbst nicht preis, wenn man erkennt, wie angewiesen man auf andere auch in der Urteilsbildung ist, weil der eigene Blick nur einen Ausschnitt der Welt liefert. In der heutigen Situation verbreiteter Orientierungslosigkeit könnte es im Gegenteil höchst hilfreich sein, sich selbst zugestehen zu können, dass das eigene Wissen knapp und man häufig ratlos ist, ohne Antwort dasteht. Montaignes »Was weiß ich denn?« darf hin und wieder gern mit einer gewissen Lässigkeit und Selbstironie ausgesprochen werden, das erleichtert, nicht immerzu schon vorweg wissen zu müssen, wie alles ausgehen wird, und ratlos sein zu dürfen! Vorschlag für einen dazu passenden Leitsatz: Habe den Mut, vor deiner eigenen Ratlosigkeit bestehen zu können, betrachte sie nicht immerzu als Defizit! Wer es vermag, sich in ein produktives Verhältnis zum eigenen Nichtwissen zu setzen, wird zugleich neugieriger und lernfähiger sein als der Meinungsstolze, der in dem Irrtum lebt, alles Nötige längst zu besitzen. Vielleicht sollten wir uns versuchsweise als Teil einer Nichtwissensgesellschaft begreifen, anstatt immerzu zu beteuern, wie wichtig das Wissen heutzutage doch sei. Natürlich ist es das, der Kampf gegen geistige Bequemlichkeit und Dummheit gehörte von Beginn an zum Projekt Aufklärung. Nur sollte dies, wie gesagt, nicht in der falschen Hoffnung münden, dass von den Wissenschaften die Klärung aller wichtigen Fragen des Lebens zu erwarten sei. Dann würde man Wissenschaften wie eine Religion auffassen, was sich zum Beispiel darin bemerkbar macht, dass gern von *der* Wissenschaft im Singular die Rede ist. Wer so spricht, privilegiert nicht selten eine bestimmte Form des Wissens aus einer Disziplin (zuletzt zum Beispiel der Virologie, vorher der Hirnforschung) und bemerkt gar nicht mehr, dass andere Disziplinen zu anderen Schlussfolgerungen kommen können, damit aber nicht gleichermaßen durchdringen. Gesellschaften, die sich selbst für Wissens- oder auch Informationsgesellschaften halten, suggerieren sich selbst, bereits sehr viel von dem zu haben, was zudem im Ideal alleinige Basis von Entscheidungsprozessen sein soll. So als ob uns am Tisch nur noch wenige Teile im Puzzle der Rätsel dieser Welt fehlen würden. Dabei wird dieses Puzzle niemals fertig werden, wächst mit jeder neuen Erkenntnis der Stapel des Nichtwissens automatisch und sogar noch schneller mit. Jede Antwort produziert zehn neue Fragen. Wie es um das Maß unseres Wissens bestellt ist, hat bereits im 17. Jahrhundert der Philosoph und Mathematiker Blaise Pascal in ein eindrucksvolles Bild gefasst. Er betrachtete das Wissen wie eine große Kugel, die in einem Meer des Unwissens schwimmt. Die Kugel ist seitdem zweifellos gewachsen, der Wissenschaft sei Dank, aber auch die Meeresspiegel steigen unaufhörlich …

LOB DES KLEINEN

Wer an der Schwelle steht, hat genug damit zu tun, den Übergang vom Alten ins Neue zu meistern, deshalb ist dies nicht der Moment für einen kühnen Sprung nach vorn, für den großen Entwurf. So wichtig Imaginationen für ein besseres Morgen sein mögen, und wir sollten auf keinen Fall von ihnen lassen, ist dies doch anscheinend eher die Zeit für Utopien im Pocket-Format. Wenn Angst und Mutlosigkeit regieren, sind es die kleinen Schritte, die zunächst eingeübt werden müssen, um allmählich wieder nach vorn zu kommen. Sie sind es, die die nächsten Schritte nach sich ziehen und die Zuversicht wieder wachsen lassen, dass es doch immer Alternativen zum Bestehenden gibt. Lieber langsam loslaufen, als dauerhaft stillzustehen oder gar den Rückschritt zu üben. Das Scheitern der großen Utopien gehört mit zu dem, was rückblickend verarbeitet und als Teil des Alten verabschiedet werden muss, es waren Verheißungen von einem »Fortschritt«, der der Logik des Bruchs folgen und die Menschheit in unterschiedlichster Weise an ein gedachtes Ende der Geschichte führen sollte. Keine Klassen mehr, keine Grenzen mehr, alle Rätsel dieser Welt gelöst, nur noch ein einziger, riesiger Markt, oder umgekehrt gar die Herrschaft einer »Rasse«, neuerdings die posthumane Utopie von der Abschaffung des Todes, all dies waren und sind Versuche, die Welt und den Menschen nach einem bestimmten Leitprinzip ganz neu zu formen. Das ist bislang immer gründlich schiefgegangen und hat im Ergebnis Pessimismus und Resignation in einem Maß hervorgebracht, der zum Stillstand führte. Skeptiker wissen, dass beide Extreme falsch sind, sie rechnen damit, dass Individuen immer in einem Spannungsverhältnis zur Gesellschaft stehen werden, das gälte auch für eine gerechtere Gesellschaft, als es unsere derzeit ist. Individuen werden auch weiterhin in einem Spannungsverhältnis zu sich selbst stehen, weil wir nicht reine Vernunftwesen sind, die frei von Widersprüchen und immerzu hochmoralisch leben können, sondern kompliziert gemischte Existenzen, die sich häufig selbst nicht durchschauen. Irdische Paradiese sind deshalb für uns nicht zu haben. Die Idee vom neuen Menschen zerschellt an dem krummen Holz, aus dem wir geschaffen sind. Nach dem Scheitern der Großutopien im 20. Jahrhundert müssen wir nun, und dies auch noch vor dem Hintergrund eines sich durch lauter Krisen verdüsternden Horizonts, wie einst Sisyphos im Tal mühsam mit dem Rollen des schweren Felsens nach oben von vorn beginnen, ohne mürrisch zu werden. Oder dabei sogar glücklich sein? Sein Glück, wir erinnern uns, soll ja darin bestanden haben, dass er eine Situation, die er sich nicht ausgesucht hat, für sich innerlich so anzunehmen und dadurch zu verwandeln gelernt hat, dass sie plötzlich wie das Ergebnis eigener Wahl aussah. Wer den Aufbruch und den Weg für das Entscheidende hält und nicht das Ziel, wird sich leichter damit tun, in einem historischen Moment zu leben, der einem regelrecht abgemagert erscheint, was die Fähigkeit zum Visionären angeht. Sieht man ab von den Techno-Visionen aus dem Silicon Valley, die eher Gänsehaut bereiten, scheinen alle utopischen Fantasien von einst verdampft zu sein. Noch einmal, man kann sich nicht aussuchen, in welche Zeit und in welche Problemlage man hineingeworfen wird, was bereits Karl Marx in die berühmte Formulierung gefasst hat, dass Menschen ihre Geschichte zwar selbst machen, aber nicht aus freien Stücken, mit anderen Worten unter den gegebenen Umständen, mit denen man klarzukommen lernen muss, und unsere derzeitige Situation ist eben so, dass dystopische Fantasien von verheerenden planetaren Krisen und sogar einem möglichen Ende der Menschheit momentan größere Aufmerksamkeit genießen als das einst von Ernst Bloch, dem Philosophen der Utopie, beschriebene »Prinzip Hoffnung«. Das derzeitige Niveau des Erreichten einfrieren zu können, gälte den meisten schon als eine Art Lottogewinn. Aber anders als beim Lotto kommt die Zuversicht, die Menschen in Bewegung versetzt, die so nötig ist, um sich selbst als wirksames Subjekt und nicht bloß als Opfer zu erleben, nicht aus dem Nichts als glücklicher Zufall daher, sondern ist selbst Ergebnis von eigener Aktivität, von der Fähigkeit, sich am eigenen Schopf aus dem Sumpf des Pessimismus ziehen zu können. Schon Aristoteles wusste, dass menschliche Tugenden keine Gaben sind, die man entweder aus rätselhaften Quellen empfängt oder aber leer ausgeht, sondern Tugenden bilden sich aus durch tugendhaftes Handeln, sie wollen eingeübt sein und sind daher vergleichbar mit einem Muskel: trainiert oder schlaff. Wer darauf wartet, dass große Geister vom Kaliber eines Karl Marx, so wie er damals in der Bibliothek von London sitzend, eine Mega-Utopie von einer künftigen Gesellschaft nach dem Ende des globalen Kapitalismus fertigstellen, also die Lösung für alles, was derzeit bedrückt, inklusive den praktischen Weg dorthin, wird enttäuscht werden und denkt zu groß. Selbst aktiv werden darf man durchaus auch dann schon, wenn man noch ratlos ist und viele Antworten auf bedrängende Zukunftsfragen fehlen, sogar oder erst recht dann, wenn man am liebsten den Kopf in den Sand stecken möchte. Dies ist die Stunde des Kleinen. Auch dies ein Widerspruch, der erst mal verstanden sein will: Wenn Großes geschieht, ein beschleunigter Wandel alles Gewohnte umstülpt, muss ein anderes Großes nicht die erste Antwort darauf sein, sondern etwas Größeres kann mit einiger Verzögerung aus dem Kleinen erwachsen, vielleicht sogar aus dem ganz Kleinen, aus vielen einzelnen Anfängen an vielen einzelnen Orten. Inseln schaffen, Mikropolitik betreiben, das ist es, was neuen Auftrieb geben könnte, auch wenn es denen, die so gerne groß denken wollen, verachtenswert winzig erscheint. Und irgendwann, wenn die ersten Schritte gegangen sind und mit ihnen das Zutrauen gewachsen ist, doch etwas bewirken zu können, dürfen die Aktionskreise auch gern wieder größer gezogen werden, getragen von den konkreten Erfahrungen von Menschen, die nun mehr darüber wissen, wie es geht. Hier schließt sich der Bogen zu der eingangs beschriebenen Krise der Institutionen, wie wir sie derzeit erleben, die die Bedeutung von Einzelnen hervortreten lässt, wie schon zu Montaignes Zeiten. Sie sind es, die mit ihrem Mut zum Experiment anderen ein Beispiel geben und zu eigenem Mittun inspirieren. Sie sind es, die die Stirn haben, sich einem Strom des Pessimismus entgegenzustemmen. Aber in unserer Gesellschaft, die derzeit nicht müde wird, Menschen primär als Opfer ihrer Verhältnisse zu beschreiben, wird die verändernde Kraft von Einzelnen leider chronisch unterschätzt.

WENIGE BEWIRKEN VIEL

Eine persönliche Erfahrung zu dieser unterschätzten Macht von Individuen: Seit vielen Jahren bin ich in diesem Land unterwegs auf der Suche nach guten Orten. So nenne ich für mich stabile lokale Netzwerke ehrenamtlichen Engagements, in denen eine kritische Masse von Menschen einen Platz für sich gefunden hat, an dem sie bemerken, dass eigenes Handeln sichtbare Spuren hinterlässt, es also einen Unterschied macht, ob man dabei ist oder nicht. Ein ganz wesentlicher Faktor für die Beständigkeit der persönlichen Motivation, sich für das Gemeinwesen zu engagieren. An guten Orten lässt sich zeigen, wie stark eine intakte Zivilgesellschaft Einfluss auf die lokalen Verhältnisse nehmen kann, und ich wollte die Eigenlogik solcher Orte verstehen, was es ist, das Menschen ins Engagement führt und dort auch dauerhaft hält. Eine aktive Zivilgesellschaft ist gewissermaßen das Immunsystem der Demokratie, weil sie dem so gefährlichen, für Populismus anfällig machenden Verdruss entgegenwirkt, man könne als Einzelner doch sowieso nichts tun, weil »die da oben« viel zu mächtig seien. An guten Orten existieren auf der Basis von Freiwilligkeit zum Beispiel Kümmerer-Strukturen, sodass Menschen in Notlagen nicht allein gelassen werden, es werden Initiativen ergriffen, um Hässliches in Schönes zu verwandeln, oder abseits von Kommerz Gelegenheiten zu Geselligkeit geschaffen. Das Ästhetische kann hier in seiner Bedeutung gar nicht überschätzt werden, es steht oft am Anfang von Veränderungsprozessen, zerbrochene Scheiben, die nicht ersetzt werden, und vermüllte Grünanlagen sind dagegen Ausdruck von Resignation. Gute Orte eröffnen Menschen eine dritte Dimension im Leben, sie können dort die Erfahrung machen, dass sie in anderen Rollen und ohne bestimmte Zwänge anders agieren als im Privatleben oder bei der Erwerbsarbeit und dadurch eine andere Facette ihrer persönlichen Identität zur Entfaltung bringen, die ohne diesen Ort und ohne dieses Engagement verkümmern würde. In dieser öffentlichen Sphäre können wir Menschen als soziale Wesen so handeln, dass egoistische Motive zurücktreten, auch wenn sie nicht vollends verschwinden. Denn auch wenn wir uns aus primär altruistischen Motiven ins Gemeinwesen einbringen, dann wünschen wir gleichwohl, dass dieses Bemühen von anderen registriert und gewürdigt wird. Es ist Teil eines menschlichen Strebens nach Anerkennung und daher gar nicht verwerflich. Dieser kleine Eigennutz läuft verborgen mit, wenn wir uns um andere kümmern, er sollte aber nicht tabuisiert werden.

Denn im Gegenteil ist es so, dass gute Orte dann an Stabilität verlieren, wenn Strukturen und Rituale der Anerkennung von Engagement fehlen oder einseitig auf einige wenige ausgerichtet sind, die alle Aufmerksamkeit für sich beanspruchen.

An guten Orten lässt sich die Plausibilität eines einfachen Merksatzes studieren, der manchen zunächst befremdlich vorkommen mag: Wenige bewirken viel. In Zahlen ausgedrückt können hundert Aktiv-Bürger einen Ort mit zehntausend Einwohnern so verwandeln, dass er sich durch seinen Gemeinsinn von einem Nachbarort mit vergleichbaren Sozialstrukturen grundlegend unterscheidet. Bei vielen Gelegenheiten habe ich in den vergangenen zwanzig Jahren mit Menschen über die Grundlagen von Demokratie diskutiert. Sehr häufig bekam ich dann sogar an guten Orten mit intakten Graswurzel-Strukturen den Einwand zu hören, hier im Saal seien zwar viele auf einem guten Weg, aber diese hundert oder zweihundert seien doch viel zu wenig, weil es da draußen so viele schlecht Informierte und Passive gäbe. Mein Einwand war dann immer, dass es zwar demokratietheoretisch ein schönes Ideal ist, sich eine Gesellschaft vorzustellen, in der alle Bürger wohlinformiert sind und aktiv teilhaben, nur existiert sie leider nirgendwo auf der Welt. Anstatt über abwesende Dritte zu klagen, sollte man lieber den Blick wenden und auf die

Frage richten, wie Neues entsteht und Menschen zum Mittun inspiriert werden, konkret auf die lokalen Verhältnisse bezogen, was denn am Anfang war, als ihr eigenes Netzwerk noch nicht bestanden hatte. Die Antwort, die ich dann regelmäßig zu hören bekam, war so einfach, dass man ihre Bedeutung vielleicht zunächst unterschätzt, obwohl sie eigentlich ein großes Staunen verdient: »Wir haben mal mit ein paar Leuten zusammengesessen.« So kommen Ideen in die Welt! Sie entstehen in der Regel nicht als Geistesblitz eines Individuums in der Abgeschiedenheit der eigenen Kammer, sondern im herrschaftsfreien Austausch der wenigen, auf die es anfangs so sehr ankommt. Und diese wenigen kommen zumeist gar nicht mit dem Vorsatz zusammen, eine neue Idee in die Welt zu setzen, sie entstammt vielmehr einem günstigen Moment zwangloser Geselligkeit. Beides verdient unsere Aufmerksamkeit: die Kraft der wenigen, die viel bewirken, und die Bedeutung von Orten, an denen wir unsere gesellige Seite genießen können und dabei unverhofft neue Pläne zu schmieden beginnen. Gute Orte zu schaffen, gehört mit zu den Aufgaben, wenn es tatsächlich ein künftiges Zeitalter der Verbindungen geben soll.

FREIHEIT UND VERANTWORTUNG

Jeder Mensch hat in unserer Gesellschaft das Recht, in politischen Angelegenheiten ein Ignorant zu sein. Man muss sich für nichts interessieren, kann ein Leben führen, das rund um das eigene Ego zentriert ist, darf schlecht, falsch oder gar nicht informiert sein, und trotzdem wird der Staat nicht vor der Tür stehen und mahnen: Werde endlich Bürger, arbeite an deiner Urteilsfähigkeit, nimm Anteil am Gemeinwesen, hör auf, ein Spießer zu sein. Verplempere nicht dein Leben mit Games, Videos und Chats. Der Ignorant ist genauer betrachtet ein Trittbrettfahrer, der von dem profitiert, was andere schaffen, ohne sich selbst anstrengen zu müssen. Folglich müsste er es sich eigentlich selbst verbieten, mit Verachtung auf die Welt der Politik zu blicken. Meistens tut er es aber doch und mosert ganz gern aus der Komfortzone heraus. Dieses Recht, ein Ignorant zu sein, möchte ich dennoch unbedingt verteidigen, auch wenn es schwerfällt, denn es berührt den Kern einer freiheitlichen Gesellschaft, in der es vermutlich niemals so sein wird, dass sich alle für ihren Fortbestand engagieren. Zugleich sind wir heute aber dringend auf die Zuversicht angewiesen, dass künftig nicht allzu viele von diesem Recht

Gebrauch machen werden. Genau dies war in den vergangenen Jahrzehnten aber mehr und mehr der Fall und wird nun zusehends zum Problem. Die Freiheit selbst steht auf dem Spiel, und wir müssen uns mit dem unbehaglichen Gedanken vertraut machen, dass Demokratie labil ist und keineswegs auf Dauer gesichert. Dass alles immer so weiterläuft und das bisschen Politik, was noch nötig ist, gefahrlos an die Profis delegiert werden kann, entpuppt sich jetzt als Illusion. Diese Welt von gestern existiert nicht mehr. Darüber darf man gern einen Moment lang traurig sein, aber hoffentlich in der Gewissheit, dass die Entwicklung nicht umzukehren ist. Jetzt merken wir, dass es in der vermeintlich langweiligen Politik doch um Wesentliches geht und dass es dort inzwischen viel weniger Profis gibt als gedacht. Parteien, die abschätzig etabliert genannt werden, sind alles andere als das, sondern im Gegenteil höchst verunsichert und nervös, wirken an der Basis oft ausgezehrt und von Nachwuchssorgen geplagt. Die Personaldecke wird zusehends dünner, weil die meisten Talente einen großen Bogen um die Politik machen. So läuft das, wenn Politikverachtung gesellschaftlich zum guten Ton gehört und Influencer oder Game-Entwickler in höherem Ansehen stehen als eine Ministerpräsidentin oder ein Oberbürgermeister, die täglich mit Hasstiraden umgehen müssen. Folglich ist die Frage ungelöst, wer es sein wird, der die Freiheit verteidigt und den Ruf in die Verantwortung hört und annimmt.

Warum ist das Recht, ein Ignorant sein zu dürfen, so vornehm? Ganz einfach, weil wir uns nie wieder von anderen vorschreiben lassen wollen, was wir zu denken haben, woran wir glauben, was für uns ein gutes Leben ist, wofür wir uns engagieren wollen. Entscheiden möchten wir bitte schön selbst. Auch wenn Freiheit manchmal ganz schön anstrengend sein kann und sich hin und wieder im Inneren der infantile Wunsch bemerkbar macht, von anderen an die führende Hand genommen zu werden und Eigenverantwortung abzugeben. Dabei hätten frühere Generationen sich nicht vorstellen können, dass es mal eine Gesellschaft wie unsere geben wird, die so viele Freiheitsrechte garantiert. Sie hätten vermutlich auch nicht geglaubt, dass das praktisch funktionieren kann. Meinen und glauben, was man möchte, sich zum Protest versammeln dürfen oder gleichgeschlechtlichen Sex haben, die Freiheit der Presse, der Wissenschaft und der Kunst – noch viel länger ist der Katalog der garantierten Freiheiten, die für uns jedenfalls bis zu den massiven Einschränkungen von Grundrechten im Zuge der Pandemie so selbstverständlich geworden waren, dass wir uns ein Leben ohne sie schon gar nicht mehr vorstellen konnten. Vielleicht ist genau dies aber heute das Problem: Passivität durch Gewöhnung. Oder andersherum: Menschen, die in Unfreiheit leben, muss man keine langen Vorträge über den Wert der Freiheit halten, sie wissen genau, was sie schmerzlich zu entbehren haben. Wir heute aber sind aufgefordert, ein Vorstellungsvermögen dafür zu entwickeln, dass das, was wir einfach für gegeben halten und für das die wenigsten unter uns selbst etwas tun mussten, sehr schnell brüchig werden kann. Ein Blick ins Grundgesetz zeigt, dass unsere Rechte ganz stark gemacht werden, von Pflichten im Gegenzug aber fast gar nicht die Rede ist. Die beiden Wörter »Eigentum verpflichtet« finden sich dort als eine der wenigen Ausnahmen. Die Autoren werden sich also etwas dabei gedacht haben und wollten eine Gesellschaft mit harten Klassengegensätzen vermeiden. Wie wichtig diese knappe Formel gerade heute ist, wo Arm und Reich immer weiter auseinanderdriften, versteht man noch besser, wenn einem klar wird, dass man die Pflichten im Grundgesetz ansonsten mit der Lupe suchen muss. Vielleicht hätten die Mütter und Väter des Grundgesetzes eine weitere, zentrale Pflicht dann doch deutlich formulieren sollen, die implizit ohnehin mit drinsteckt, gewissermaßen den Geist des Ganzen ausmacht, heute aber nicht mehr selbstverständlich zu sein scheint: Wir müssen es aushalten, dass andere ganz anders denken, anders leben, anders auf die Welt blicken als man selbst. Ich habe keinen Anspruch darauf, davon verschont zu werden, dass andere Überzeugungen und Lebensstile, die mir möglicherweise nicht passen, mit dem gleichen Recht vertreten werden und sogar Respekt verdienen in einer Gesellschaft der Verschiedenen. Das Ziel kann nicht sein, dass eines Tages alle gleich ticken werden. Im Gegenteil existiert, auch dies ungeschrieben, eine Pflicht, zivilisiert miteinander zu streiten, wenn es geboten ist. Ohne Streit keine Demokratie. Wer sich immerzu Harmonie und Eintracht wünscht, hat das Projekt nicht verstanden. Karl Jaspers hat etwas pathetisch von einem »liebenden Kampf« gesprochen. Denn der Kampf mit Worten ist es, der den gewaltsamen Kampf ersetzen soll. Deshalb ist in der Demokratie gute Kommunikation über Meinungsgegensätze hinweg so wichtig und jeder Gesprächsabbruch begründungspflichtig. Der Meinung, die mir nicht passt, darf ich widersprechen, wenn nötig, scharf. Aber die Integrität der Person darf dabei nicht angetastet werden. Es geht um Gegnerschaft, nicht Feindschaft. Da verläuft die Trennlinie zwischen dem, was ich bereit sein muss auszuhalten, auch wenn mich die andere Meinung quält, und dem, was jenseits der Grenzen der Toleranz liegt. Feinderklärungen gehören in der Demokratie weiterhin geächtet, da darf es keine falsche Gewöhnung geben. Aber innerhalb der gebotenen Grenzen des Tolerierbaren gibt es für uns noch viel einzuüben, darf der Korridor nicht zu eng gezogen werden. Denn die Fähigkeit, andere Meinungen als die eigene ertragen zu können, schwindet zusehends, das merken wir täglich an der deutlich aggressiver gewordenen Tonlage, übrigens nicht nur von ganz rechts. Sie ist längst aus der digitalen Welt in die analoge Kommunikation eingedrungen und droht den Raum der Öffentlichkeit zu vergiften. Und es werden die Kräfte stärker, die ganz gezielt das Konzept der Verfeindung verfolgen und längst im Modus des geistigen Bürgerkriegs unterwegs sind. Wer bereit ist, sich an solche Zustände zu gewöhnen, oder sie gar für normal hält, hat die Idee der Toleranz längst preisgegeben.

Ein politisches Wunder also, dieses Demokratieprojekt mit seinem radikalen Freiheitsversprechen, aber eben auch höchst anspruchsvoll und nicht immer vergnüglich. Genau genommen wird im Grundgesetz keine Wohlfühlgesellschaft beschrieben, sondern eine, die mir etwas abverlangt, sofern ich mich überhaupt dafür zu interessieren bereit bin, wie andere Menschen auf die gleiche Welt blicken. Heute fehlt vielen das Vorstellungsvermögen, dass das, was dort auf dem Papier des Grundgesetzes mit einer Ewigkeitsgarantie versehen wurde, schon morgen in der Praxis zerstört werden kann.

Dieser geniale Text des Grundgesetzes verzichtet also überraschenderweise auf jegliches »Du musst«

und ist getragen von dem Optimismus, dass es genügend Menschen geben wird, die die Freiheit so sehr wertschätzen, dass sie, ja eben, aus freien Stücken für sie einstehen werden. Es ist nicht der Staat, der den Hahn öffnen kann, damit die Quellen der Moral sprudeln. Genauer betrachtet ist die Idee der Freiheit sowohl grandios als auch gefährlich. Grandios, weil wir nur das tun, was wir wirklich wollen. Endlich frei, noch immer hätten wir allen Grund, dies zu feiern. Aber eben auch gefährlich, weil wir nie sicher sein können, dass sich genügend *Frei-Willige* finden werden für die Arbeit im Maschinenraum der Demokratie. Wir selbst tun das Nötige oder lassen es eben. Am Anfang von Freiheit steht daher nicht die Freiheit selbst, sondern Verantwortung, deshalb ist auch gleich im ersten Satz des Grundgesetzes von ihr die Rede, bevor die konkreten Freiheiten benannt werden: »Im Bewusstsein seiner Verantwortung vor Gott und den Menschen...«. Das war 1949, heute würden wir wohl hinzufügen, dass es mit oder ohne Gott funktionieren kann und muss.

Das ist das Paradox der Freiheit: Niemand kann und soll gezwungen werden, für sie zu kämpfen, dahinter steht immer ein persönlicher Entschluss. Entweder gibt es genügend Menschen, die dazu bereit sind, oder die Freiheit zerfällt. Das ist die Wahl, vor der jeder Einzelne heute steht, der die Bedrohung verstanden hat. Von alleine wird eine demokratische Gesellschaft nicht weiterexistieren, auch wenn viele bislang in dieser Illusion gelebt haben. Denn die Freiheit existiert nicht aus sich selbst heraus, sondern muss immer wieder durch das Engagement von Einzelnen erneuert werden. Natürlich kann man sich von anderen dabei ermutigen und inspirieren lassen, aber entscheidend ist die Kraft, sich selbst in Bewegung zu setzen, anstatt darauf zu warten, von anderen widerwillig geschoben zu werden. Man kann nicht andere darauf verpflichten, frei zu sein und frei zu handeln, das wäre absurd. Sich selbst aber schon. Es macht den entscheidenden Unterschied, ob mein Gegenüber mit dem Zeigefinger auf mich weist oder ob ich selbst eigene Verantwortung spüre. Das ist wichtig zu wissen in einer Zeit, in der der Moralismus blüht, mit seiner fatalen Neigung, sich selbst automatisch auf der Seite des Guten zu wähnen und immer nur von den anderen zu fordern, dass sie ihre Einstellung oder am besten gleich ihr ganzes Leben ändern. Moralismus bewirkt entweder gar nichts oder sogar das Gegenteil des Gewünschten, nämlich weitere Verhärtung beim Gegenüber. Erfolgversprechender scheint mir zu sein, davon zu erzählen, wie gut es tut, im eigenen Leben die Erfahrung zu machen, dass der persönliche Beitrag zählt, dass man Spuren in dieser Welt hinterlassen kann, wenn man mithilft, an einer fairen

Gesellschaft des sozialen Friedens zu bauen, und sei es wie beschrieben im Kleinen. Wer diese Erfahrung nicht kennt, sieht im gesellschaftlichen Engagement vermutlich nur Entbehrung, einen Verlust mühsam abgesparter freier Zeit. Wer sie aber kennt, wird sie nicht missen wollen, weil sonst eine wichtige Facette im Leben fehlt. Interessant übrigens, wie oft ich inzwischen den Einwand gehört habe, heute fehle es schlicht an freier Zeit für solche Dinge, weil in der Arbeitswelt der Druck so sehr gewachsen sei. Das mag zwar einerseits stimmen, andererseits gab es vor hundert Jahren deutlich längere und zumeist körperlich verausgabende Arbeitstage, viel weniger Erholungszeit, keine Waschmaschinen und andere Geräte, die den Alltag leichter machen sollen, und trotzdem haben sich deutlich mehr Menschen als heute als Teil von sozialen Bewegungen verstanden und dort eigene Aktivitäten eingebracht. Wenn wir den Raum des Privaten verlassen und in der öffentlichen Sphäre aktiv sind, haben wir die Chance, uns selbst auf eine andere Art zu erleben als zu Hause am Esstisch oder im Büro. Ein Rollenwechsel, der das Leben farbiger macht. Wer den Eindruck von sich selbst hat, im Job nicht nur von anderen mit Haut und Haar gefordert zu sein, sondern selbst auch buchstäblich alles geben zu wollen, sollte vielleicht zumindest für einen Moment darüber nachdenken, ob etwas an Hannah Arendts Gedanke dran sein könnte, dass Erwerbsarbeit zwar nötig, das Reich der Freiheit aber in der Welt des Politischen zu finden ist. Dort können wir Spuren hinterlassen. Gewiss verstörend diese Idee in einer Gesellschaft, die Anerkennung in hohem Maße an erfolgreiche Karrieren knüpft und Arbeit immer stärker mit Lebenssinn verbindet. Dann gilt als »selbst schuld«, wer da nicht mithalten kann.

»Menschen sind nicht hilfsbedürftig, Menschen sind helfensbedürftig«, so hat es der Psychiater Klaus Dörner formuliert. Er wusste, dass wir uns als soziale Wesen ein besonderes Gefühl der Resonanz verschaffen können, wenn wir diese Facette unserer Persönlichkeit stärker kultivieren. Ein Gefühl, das man für Geld nicht kaufen kann. Es ist unbezahlbar, die Erfahrung zu machen, dass man nicht nur als Einzelner unter Einzelnen lebt, sondern Beiträge zu einem gelingenden Ganzen leisten kann. Auch zu merken, dass man nicht allein ist mit dem Wunsch, es möge um uns herum keine Rottweiler-Gesellschaft entstehen. Momentan herrscht eine tiefe Sehnsucht nach solchen Momenten, die dem eigenen Leben Bedeutung verleihen, weil es an diesem Punkt bei vielen offenbar einen Mangel gibt. Zu spüren, dass man tatsächlich gebraucht wird, dass es einen Unterschied macht, ob man da ist oder wegbleibt. Umso wichtiger ist es, dass sich herumspricht, wie gut es tun kann,

Verantwortung in Freiheit zu übernehmen. Die Freiheit *von etwas,* also die sogenannte negative Freiheit, die uns vor Bevormundung schützt, steht als grandiose historische Errungenschaft im Grundgesetz. Aber dies allein wäre nur ein halbiertes Verständnis von Freiheit. Die Freiheit *zu etwas,* die positive Freiheit, entspringt aus uns selbst, verbindet uns mit anderen und versorgt unser Leben mit Sinn. Das ist es, was der Ignorant versäumt.

EINE WETTE AUF HOFFNUNG UND ZUVERSICHT

Ist es uns schon mal leichter gefallen, das emotionale Gleichgewicht zu halten? Oder haben wir früher nur nicht gemerkt, dass wir auch bereits Schlagseite hatten, nur in eine andere Richtung? In Zeiten überschießender Zuversicht, lange ist es her, als die Erneuerer vor lauter Kraft nicht laufen konnten, gewann das Hysterische leichter die Oberhand, das Zwanghafte trat zurück. Aber nicht in jeder Hinsicht muss das besser gewesen sein, denn wenn alle Trümpfe bei denen liegen, die die alte Welt möglichst sofort einreißen möchten, vergisst man leicht, dass die Beweislast immer beim Veränderer liegt. Er muss aufzeigen können, dass das

Neue wirklich besser als das Alte ist. Eine Welt aus lauter Hysterikern wäre schrecklich, weil man in ihr immer zu spät käme mit der Einsicht, dass Aufbau und Pflege des Bestehenden viel mehr Kraft und Geduld erfordern als ein Abriss. Schließlich war es der Furor der Veränderer, die mit ihrer maßlosen Naturzerstörung diese Welt in Stücke gerissen haben, und waren es die vermeintlichen Schöpfer eines neuen Menschen, die lauter ideologische Scherben hinterlassen haben. Die alten Adjektive »konservativ« und »fortschrittlich« passen jedenfalls schon länger nicht mehr zu unserer heutigen Situation, oft kleben sie zudem an den falschen Leuten. Wer sich selbst heute weltanschaulich ehrlich macht, wird womöglich etwas Hybrides an den eigenen Überzeugungen feststellen, die dann in kein Lager mehr hineinpassen. Vielleicht ist dies sogar eine Konsequenz aus der von Karl Jaspers empfohlenen Grundhaltung, »bereit« zu bleiben für die Veränderungen dieser Welt und die Perspektiven von anderen, was ja bedeuten würde, sich niemals endgültig einzurichten in der Scheinsicherheit der eigenen Überzeugungen. Das gilt erst recht für den jetzigen Moment, der von großer Unübersichtlichkeit geprägt ist, in dem Sicherheit nur um den Preis radikaler Vereinfachung zu haben ist. Der Arabist Thomas Bauer hat vor einiger Zeit versucht, den Wert der »Ambiguitätstoleranz« stark zu machen, was für uns hieße, sich das Aushalten-Wollen von Mehrdeutigkeiten und Widersprüchen als Lernprogramm selbst aufzuerlegen. Eine geistige Anstrengung, gewiss, aber vielleicht gelingt es ja sogar, das Befreiende in diesem Bemühen zu erkennen: Ich muss mich nicht schlauer geben, als ich bin, diesen Selbstbetrug habe ich nicht nötig. Ich darf ratlos sein, ich darf auch emotional schwanken, weil bestimmte widerstrebende Gefühlszustände immer ausbalanciert werden müssen. Und heute sind es eben Angst, Traurigkeit, Verdruss und Verzweiflung, die dringend einen Gegenpol benötigen, nach dem ich gezielt suchen muss, um wieder ins Gleichgewicht zu finden, um an der Verfassung dieser Welt nicht irre zu werden. Wer genau schaut, wird immer auch das Gute bemerken! Unsere Welt ist voll davon. Man darf halt nur nicht mit dem Suchen aufhören, und man muss es auch sehen wollen.

Auch mein Nachdenken ist voller Ambiguitäten, manches bleibt in der Schwebe, kann für den Moment noch nicht gewusst werden. Wird es uns ohne Systemwechsel gelingen, eine Lebensweise zu entwickeln, die verträglich mit der Idee der Nachhaltigkeit ist, oder wird diese mit kapitalistischer Logik notwendigerweise unvereinbar bleiben, weil mit jedem wirtschaftlichen Wachstum Konsumbedürfnisse und damit Weltverzehr mitwachsen? Falls es innerhalb des Systems nicht geht, werden wir dann einen Zusammenbruch mit harten Verteilungskämpfen erleben, oder könnte auch eine friedliche Transformation gelingen? Und weiter auf der individuellen Ebene: Werde ich die Kraft und die Konsequenz besitzen, mich rechtzeitig von falschen Gewohnheiten zu trennen, oder kann dies nur durch einen von außen auferlegten Verzicht geschehen, der dann Gefahr läuft, als Zwang und nicht als möglicher Gewinn gedeutet zu werden? Überhaupt die Frage der Rechtzeitigkeit, weil es da zwei Geschwindigkeiten gibt: Die Klimaforschung räumt uns nur noch wenig Zeit ein, um das Ärgste zu vermeiden, die »Letzte Generation« entwickelt aus dieser Zeitknappheit eine Rebellion der Verzweifelten. Aber richtig ist auch, dass wir bei vielen Gelegenheiten klug beraten sind, das Tempo ausgerechnet dann herauszunehmen, wenn wir es eilig haben, das Zaudern und das Zögern können wertvolle Tugenden sein. Und kulturelle Muster zu verändern, erfordert ohnehin einen langen Atem. Wird also die Zeit reichen, oder ist es längst zu spät? Was weiß ich denn, hätte Montaigne wohl gesagt. Und noch einmal: Nicht zu wissen, heißt nicht, nichts tun zu können. Vielleicht sollten wir es heute vor dem Hintergrund so vieler kursierender Untergangsszenarien mit einer neuen Variante der berühmten Pascal'schen Wette probieren: Blaise Pascal hat es im 17. Jahrhundert für eine bessere Wette gehalten, an Gott zu glauben, als dies nicht zu tun, natürlich in Erwartung eines möglichen Gewinns, wie das beim Wetten so ist. Sein Argument gegen den Unglauben lautete damals, dass, wer aufs Glauben setzt, im Falle des Gewinns alles gewinnt, im Falle des Verlusts aber nichts verliert. Wenn wir nun Gott durch, sagen wir, Zuversicht, gute Zukunft, Hoffnung ersetzen und auf diese drei eine Wette abschließen würden, anstatt auf die Katastrophe, hätten wir im leider denkbaren Fall des Verlusts nichts Zusätzliches zu verlieren, aber im umgekehrten Fall viel zu gewinnen. Dann könnten wir heute noch ein Apfelbäumchen pflanzen und vielleicht sogar ein Kind zeugen. Allein schon, um damit zu zeigen, dass wir nicht die Letzten sind, die Zukunft nicht uns gehört und unsere Überzeugungen von heute schon morgen von gestern sein werden.

LITERATURHINWEISE

Albrecht, Glenn: Solastalgie: Heimweh in der Heimat
Arendt, Hannah: Vita activa oder Vom tätigen Leben
Bauer, Thomas: Die Vereindeutigung der Welt
Grundgesetz für die Bundesrepublik Deutschland
Illouz, Eva: Gefühle in Zeiten des Kapitalismus
Jaspers, Karl: Philosophie II. Existenzerhellung
Jullien, François: Ein zweites Leben
Kast, Verena: Vom Sinn der Angst
Konersmann, Ralf: Welt ohne Maß
Montaigne, Michel de: Die Essais
Reckwitz, Andreas: Die Gesellschaft der Singularitäten
Riemann, Fritz: Grundformen der Angst
Sartre, Jean-Paul: Ist der Existentialismus ein Humanismus?
Serres, Michel: Das Verbindende. Ein Essay über Religion

INHALTSVERZEICHNIS

Der Verlag Kiepenheuer & Witsch hat sich zu einer nachhaltigen Buchproduktion verpflichtet. Gemeinsam mit unseren Partnern und Lieferanten setzen wir uns für eine klimaneutrale Buchproduktion ein, die den Erwerb von Klimazertifikaten zur Kompensation des CO_2-Ausstoßes einschließt. Weitere Informationen finden Sie unter www.klimaneutralerverlag.de

FSC
www.fsc.org
MIX
Papier | Fördert gute Waldnutzung
FSC® C083411

1. Auflage 2023

Umschlaggestaltung Miriam Bloching
Gesetzt aus der Adobe Text und der Adrianna
Satz Buch-Werkstatt GmbH, Bad Aibling
Druck und Bindung CPI books GmbH, Leck
ISBN 978-3-462-00540-0

DAS BUCH

Wir erleben gerade vielfältige Krisen: vom Krieg in Europa über die Klimakatastrophe bis hin zu den Folgen der Pandemie. Das alles wirkt sich auf unser Lebensgefühl aus. Viele Menschen sehen ihre Komfortzone und ihr privates Leben von allen Seiten bedroht, was Gefühle wie Angst, Wut und Hilflosigkeit hervorruft.

Die Philosophie hatte gerade in Krisenzeiten ihre Sternstunden, und Jürgen Wiebicke analysiert mithilfe der großen Denkerinnen und Denker wie Montaigne, Arendt, Jaspers und Sartre unsere heutige Situation. Ein tröstliches Buch, das zeigt, dass es ein Mittel gibt gegen die Angst: das Denken.

DER AUTOR

Jürgen Wiebicke lebt als freier Journalist in Köln. Seit 16 Jahren moderiert er wöchentlich »Das philosophische Radio« auf WDR 5. Sein Buch »Dürfen wir so bleiben, wie wir sind? Gegen die Perfektionierung des Menschen – eine philosophische Intervention« erschien 2013. 2016 »Zu Fuß durch ein nervöses Land – auf der Suche nach dem, was uns zusammenhält«, 2017 »Zehn Regeln für Demokratie-Retter« sowie 2021 »Sieben Heringe«. Er gehört zu den Programm-Machern der phil.Cologne, des Internationalen Festivals der Philosophie.

Weitere Titel von Jürgen Wiebicke bei Kiepenheuer&Witsch

Leseproben und mehr unter www.kiwi-verlag.de

Kiepenheuer
&Witsch